# 如何停止焦慮愛上投資

臆病者のための株入門

## 股票＋人生設計，追求真正的幸福

暢銷書《洗錢》作者

橘玲／著

TACHIBANA Akira

鍾慧真／譯

經濟趨勢 56

# 如何停止焦慮愛上投資

## 股票＋人生設計，追求真正的幸福

作　　者　橘玲
譯　　者　鐘慧真
責任編輯　林博華
行銷業務　劉順眾、顏宏紋、李君宜

總 編 輯　林博華
發 行 人　凃玉雲
出　　版　經濟新潮社
104台北市中山區民生東路二段141號5樓
電話：(02) 2500-7696　傳真：(02) 2500-1955
經濟新潮社部落格：http://ecocite.pixnet.net
發　　行　英屬蓋曼群島商家庭傳媒股份有限公司城邦分公司
104台北市中山區民生東路二段141號2樓
客服服務專線：02-25007718；25007719
24小時傳真專線：02-25001990；25001991
服務時間：週一至週五上午09:30~12:00；下午13:30~17:00
劃撥帳號：19863813　戶名：書虫股份有限公司
讀者服務信箱：service@readingclub.com.tw
香港發行所　城邦（香港）出版集團有限公司
香港灣仔駱克道193號東超商業中心1樓
電話：(852) 25086231　傳真：(852) 25789337
E-mail: hkcite@biznetvigator.com
馬新發行所　城邦（馬新）出版集團 Cite (M) Sdn Bhd
41, Jalan Radin Anum, Bandar Baru Sri Petaling,
57000 Kuala Lumpur, Malaysia.
電話：(603) 90578822　傳真：(603) 90576622
E-mail: cite@cite.com.my
印　　刷　宏玖國際有限公司
初版一刷　2013年12月17日

城邦讀書花園
www.cite.com.tw

ISBN：978-986-6031-45-8


售價：280元

Printed in Taiwan

〈出版緣起〉

# 我們在商業性、全球化的世界中生活

經濟新潮社編輯部

跨入二十一世紀，放眼這個世界，不能不感到這是「全球化」及「商業力量無遠弗屆」的時代。隨著資訊科技的進步、網路的普及，我們可以輕鬆地和認識或不認識的朋友交流；同時，企業巨人在我們日常生活中所扮演的角色，也是日益重要，甚至不可或缺。

在這樣的背景下，我們可以說，無論是企業或個人，都面臨了巨大的挑戰與無限的機會。

本著「以人為本位，在商業性、全球化的世界中生活」為宗旨，我們成立了「經濟新潮社」，以探索未來的經營管理、經濟趨勢、投資理財為目標，使讀者能更快掌握時代的脈動，抓住最新的趨勢，並在全球化的世界裏，過更人性的生活。

之所以選擇「經營管理—經濟趨勢—投資理財」為主要目標，其實包含了我們的關注：「經營管理」是企業體（或非營利組織）的成長與永續之道；「投資理財」是個人的安身之道；而「經濟趨勢」則是會影響這兩者的變數。綜合來看，可以涵蓋我們所關注的「個人生活」和「組織生活」這兩個面向。

這也可以說明我們命名為「經濟新潮」的緣由——因為經濟狀況變化萬千，最終還是群眾心理的反映，離不開「人」的因素；這也是我們「以人為本位」的初衷。

手機廣告裏有一句名言：「科技始終來自人性。」我們倒期待「商業始終來自人性」，並努力在往後的編輯與出版的過程中實踐。

目錄

# 如何停止焦慮愛上投資

## 第6章 經濟學上最正確的投資法——135

## 第8章 給超級門外漢的投資法——185

# 前言　沒膽也有沒膽的投資法

我對股票產生興趣差不多是在將近二十年前，剛好是發生神戶大地震，以及奧姆真理教沙林毒氣事件使得日本舉國陷入混亂的一九九五年。那年秋天Windows95問世，正式揭開網路時代的序幕。讀了比爾．蓋茲所著的《擁抱未來》（*The Road Ahead*）這本書而深受其精神感召的我，萌生一個想法，就是投資這位革命家所經營的企業。於是，我隨即前往當時上班地點附近的日本最大證券公司的分行，要買生平的第一張股票。

與我接洽的是感覺有點憤世嫉俗的老行員，臉上裝著慇勤的笑容說道「微軟？我倒是沒聽過這家公司」、「如果要玩股票的話，稍微吸收一下知識會比較好吧」，並將擺在櫃檯旁的小冊子遞給我。因為我是個完全沒碰過股票的新手，以為只要到了證券公司，什麼樣的股票都買得到。不過令人有點納悶的是，老行員竟不知道微軟這家公司。

當時我拿到的是「股票ABC」這樣的小冊子，封面是一休小和尚正襟危坐地閱讀日經新聞與上市個股財報總覽的可愛插畫。大致上瀏覽了一下，覺得「就這樣？投資股票不難嘛！」、「只要逢低買進，逢高賣出就可以了！」

之後我到書店，選購了不少股票投資的入門書。利用上班通勤的時間，三天就全部讀完了，不過我仍是一頭霧水。結果，又到書店買了其他的入門書籍。就這樣讀了數十本後（不追根究柢絕不罷休的個性），我終於發現了一件事。我所發現的不是「股票必勝法」，而是為何我一頭霧水的原因。

進入二十一世紀，全球資本主義或市場基本教義下「沒有投資股票？那你很難生存下去喔」的想法十分盛行。「點一下便賺了二十億日圓的二十七歲無業投資人」、「掌管市值逾一兆日圓的企業集團，卻在三十三歲的年紀身陷囹圄的年輕企業家」等，都成為街頭巷尾的熱門話題。即使認為「股票感覺上風險很大」而敬而遠之，或是覺得「這些人到底都在搞些什麼名堂」而疑神疑鬼，許多人還是抱著研究一下的心態到書店看看。就像十幾年前的我一樣。

不過，就算讀了股票的入門書，也不懂股票是怎麼一回事。為什麼？原因在於，股票故意設計得就是要讓人一頭霧水。

簡單來說，股票的世界裏有三個完全容不下彼此的派別，他們各說各話，亮出複雜的數學式，或秀出難懂的圖表，或念著像經文般的專業術語，玩弄著「股」和「蠱」傻傻分不清楚的股市新手。不知不覺中，不明究裏的人因為無知而成了愚昧的輸家。

股票分析師或基金經理人等金融界的「菁英」又攪和進來，使情況變得更加混亂。他們卯足了勁讓投資人到處疲於奔命地買賣股票或基金，並自信滿滿地宣揚著有如神授天機般的股市預測。在這個充滿妖魔鬼怪的世界裏，手上如果沒有地圖，絕對無法抵達目的地。

在日本，許多人常說「政府將因為債台高築而破產、即使繳了年金退休後也拿不回來、大多數人將來都會變成低收入戶」，以此來威脅利誘膽小的人。

股市名嘴、經濟學家、理財顧問、財經記者等「金融專家」異口同聲地這麼說：

「把錢存在郵局或銀行，會因為『政府破產』或『惡性通膨』而血本無歸。從現在開始，必須主動承擔風險來保護自己的財產。」

他們並不是胡說八道。抱持危機感是非常重要的事，但無謂地懼怕或受到煽動，尚未做好最起碼的準備便出海朝向新大陸前進，並很快地觸礁玩完的人，總是一而再再而三地出現。

股票市場是孳生人類欲望的巨大迷宮，沒有人能預料接下來會發生什麼事。要是「金融專家」無法指引我們正確的方向，就只有靠自己走出一條路。

膽小鬼也有膽小鬼的投資法。如果讀了這本書之後，覺得「原來如此，股票投資其實並不可怕」的人能因此而多了起來，的確是非常值得欣慰的事。

# 第1章

# 為什麼投資股票可以把一百萬變成一百億？

## 「JCOM男」的傳奇

二〇〇五年十二月，人才派遣公司JCOM於東京證券交易所新興股票市場（market of the high-growth and emerging stocks, Mothers）公開上櫃。十二月八日，瑞穗證券公司將JCOM的股票「以一股六十一萬日圓賣出」的指令，不小心誤植為「每股一日圓賣出六十一萬股」。這樁烏龍交易讓該證券公司蒙受四百億日圓的虧損；另一方面，抓住這個千載難逢的好機會並將二十多億日圓利潤納入口袋的二十七歲無業男子，則成為熱門話題。之後被稱為「JCOM男」的這名男子，在接受媒體採訪時表示，「我是把學生時代打工存的一百六十多萬日圓當作本錢，從五年前開始進行股票投資，目前的資產大約有一百億日圓」。雖然無從得知他所說的「資產」指的是投資總額還是淨利，但若一百萬果真變成一百億，代表著短短的五年內財富增加了一萬倍。

不必多說，大家都知道這是多麼驚人的事。至於到底有多驚人？若每年資產不增加個十倍，一百萬就沒辦法在第五年變成一百億。換算成年利率，便是每年百分之九百（哇！）的資產運用績效。在日本，銀行活存的年利率只有百分之〇．〇〇一而已。

聽到這樣的消息，不管是誰應該都想知道：

「到底要怎麼做才能像他一樣？」

但不可思議的是，被譽為「金融專家」的那些人，對於這個普羅大眾的單純疑問完全沒有回應。平常總是高高在上、滔滔不絕的他們，突然都低頭不吭聲了。為什麼呢？

理由是，那些「金融專家」恨不得「JCOM男」從地球上消失。因為，該怎麼做才能在五年內將資產增加至一萬倍，誰也無法回答。光是被住在隔壁的小學生問道「明明是專家，為什麼沒辦法做到像無業的大哥哥那樣呢」，臉就不知道該往哪裏擺。

不過，故事還沒有告一段落。

根據雜誌的報導，雖然JCOM男從大學時代開始對股票產生興趣，卻對於本益比（PER）與股價淨值比（PBR）等股票投資所需的財務知識漠不關心。不光是如此，對於經手買賣過的股票，也不清楚那些企業到底是哪一行、或是在做什麼的。因為，在觀察股價動向的同時頻繁下單買賣的當日沖銷交易（day trading）或短線交易，幾乎用不到半點財務知識。

這的確是相當吸引人的一個傳奇。

## 有「股票專家」這回事嗎？

比方說所謂的職業將棋棋士，是小時候便進入獎勵會接受培訓，並一路在嚴格的晉級、升段考試過關斬將的人。從網路的將棋對打遊戲經驗中自創出一套戰術的年輕小伙子，或許存在於漫畫的世界，但在名人擂台戰打破羽生善治（日本棋王）四冠王紀錄的情節，在現實生活中根本是天方夜譚。職業棋士除了才能之外，打敗對手靠的更是徹底訓練與大量研究棋譜的成果。

再舉職業足球選手為例。看了世界盃足球賽大受感動，並開始在街角練習踢球的無名小卒，在四年後能和巴西足球明星羅納迪歐（Ronaldinho Gaúcho）等頂尖選手同場較勁的情節更是荒誕無稽，連漫畫的題材都稱不上。

不只是將棋和足球，幾乎所有的運動競技項目，都在職業與業餘之間有一道難以越過的高牆。「職業選手」不是單純地把該競技（或棋藝等）當飯吃而已，他們已攀登至門外漢再怎麼努力也無法企及的境界。

在金融界，操作股票的專家被稱為基金經理人。他們的績效評估基準，便是與股票市場的平均值（股價指數）做比較。就算幅度微乎其微，只要該年度的操作績效比平均股價高，年終獎金便會往上加碼，否則腰斬。因此每年光是比股價指數多或少個百分之〇．一，都會引起不小的騷動。不過，與「資產運用率百分之九百」相比，只能說是天壤之別。

那麼，到底什麼是「操作股票的專家」？

為了理解真相，我們可以思考一下並無專家在內的遊戲。比方說，原則上不存在擲銅板的專家。銅板會出現正面或反面全由運氣決定，二者出現的機率各半（只要不耍老千）。相同的道理，世上沒有彩券專家，且中獎號碼也是由運氣決定，中頭獎的賣場或容易中獎的數字組合等都是迷信（不過，坊間倒是有怪裏怪氣，兜售彩券必勝密技的「專家」）。

不僅限於擲銅板與彩券，輪盤與骰子等由運氣決定輸贏的遊戲，也並無「專家」的存在。相對地，在圍棋或將棋的棋藝領域，業餘與職業之間有著難以超越的實力差距。愈是強者勝率愈高，運氣的因素起不了太大的作用。運動競技也是一樣，因此使人們總是力求「奇蹟」出現並為之瘋狂。

股票投資的本質就在這裏。

二十來歲的無業男子操作股票的成績遠在所謂的「金融專家」之上，幾乎無懈可擊地證明了股票並非專家一較高下的競技項目，而是近似於擲銅板或骰子之靠運氣的遊戲，也就是賭博。

若股票與擲銅板沒什麼差別，那麼「金融專家」說好聽一點是算命仙或賽馬探子，說難聽一點就是騙子了。這的確是個醜陋的事實，而金融界心照不宣地「當作沒有JCOM男這個人存在」，不就是因為這些人一直以來藏得密不透風的真面目，眼看就要被攤在陽光下了嗎？

不過，對於將股票投資與擲銅板一視同仁的說法，存在著強而有力的反駁（經濟學將之稱為「效率市場假說」〔efficient-market hypothesis〕，會在稍後進行說明）。輸贏並不是完全由運氣所掌控，股票其實是類似於二十一點、麻將、小鋼珠等加上了技術性因素的賭博遊戲。

二十一點可藉由記憶所有使用過的紙牌之算牌技巧，來預測特定紙牌的出現機率，得以比莊家更占優勢。麻將也有從捨牌來推測出對手的牌型，以贏面機率更大的牌來一決高下等各種理論技巧。小鋼珠雖是利用電腦來控制玩家所獲得的鋼珠數，卻可對程式進行分析導出必勝方法。

如果技術或才能可以影響股票投資的績效，那麼有股票專家的存在，就不是什麼不可思議的事了。不過，金融界人士大概也不會喜歡這樣的說法。因為，這裏所說的「專家」，指的是靠玩小鋼珠或麻將為生之職業賭徒的同類。當然職業不分貴賤，但遺憾的是，就算以小鋼珠等來證明股票並非全靠運氣來決定輸贏，卻一點也恢復不了金融界人士的自尊。

## 投資股票就是賭博

幾乎世上所有的人都認為「股票很詭異」，原因在於大家的潛意識中認為股票是賭博的一種。

過去證券界與這個「偏見」搏鬥了很長一段時間，因而出現了這樣的說法：「日本經濟過去是以間接金融（銀行借錢給企業）為主，而泡沫經濟崩潰則宣告了間接金融耐用年數的大限已至。緊接而來的，是美式直接金融（企業從股票市場籌措資金）的時代。因此，有必要培養健全的股票市場與明智的散戶投資人。」以突顯自己存在的正當性。

當然，靠著股票市場為生的人，希望能矯正世間對這個行業的偏見是可以理解的。不過他們的做法，實在是錯得離譜。

他們過去一直以：

賭博很詭異。

股票投資不是賭博。

所以，股票根本就不詭異。

這樣的三段式邏輯，來設法說服眾人。不過，「再怎麼說股票還是很詭異」的想法早已深植人心，其效果十分有限。而且麻煩的是，不管金融界人士如何否認，股票終究還是賭博（運氣的遊戲）。

那麼，該如何是好？很簡單，就把想法進行一百八十度的大轉變，承認股票就是賭博就行了。

賭博並不詭異。

股票投資就是賭博。

所以，股票根本就不詭異。

看吧，這麼一來整個邏輯就順暢得多了，因為這就是事實。

賭博並不詭異的原因，與我們的人生並不詭異是相同的道理。沒有人能預知未來，在這個充滿不確定的世界，我們為了選擇一條成功可能性較高的路而努力。說穿了，生存這回事原本就是運氣的累積。

賭博感覺上很詭異不是因為輸贏由運氣決定，而是在於有騙子的介入，導致總是只有一小部分的人得利。老實說，過去日本的股市也發生過不少可疑的勾當。

因此，關鍵便在於打造一個給予所有參與者公正、公平投資機會的透明公開的市場。這麼一來，大家對於股票投資的看法應該會有所改觀。不管怎麼說，股票具有增加社會財富，並帶給人幸福快樂的強大力量。

不過，金融界人士以「教育投資人」為名，煞有介事地展開「股票不是賭博」的宣傳活動。這麼一來，便有人用以下的邏輯做為沉迷股票並自我正當化的理由。

**我不沾染賭博的惡習。**

**股票不是賭博。**

所以沉迷於股票的自己根本沒錯。

而麻煩的是，個性愈認真的人會愈深陷其中而無法自拔。這樣下去，愈「教育投資人」，只會徒增愈多可憐的犧牲者。

為了盡量減少這樣的悲劇，首先應該將最重要的原則銘記在心。那就是：

**股票投資就是賭博。**

不過，股票投資不是單純地下注開賭，而是門外漢也能夠享受豐盛果實的世界上最具吸引力的一種賭博。

## 複利與槓桿

若股票投資是類似擲銅板的以運氣決定輸贏的遊戲，那為什麼會發生一百萬在五年內變成一百億的「奇蹟」？當中應該還有其他更具說服力的理由吧。

抱著這樣的疑惑固然有道理，不過這麼一來本章節便無法繼續下去。

是這樣的，假設理由是「ＪＣＯＭ男」擁有異於常人的超能力。這個說法非常淺顯易懂，但這樣解釋「奇蹟」的發生卻對於投資毫無幫助。就算順利揭開了該超能力的真相，我們也無法培養出那樣的能力，因為那本來就不是普通人所能擁有的。

或者是，JCOM男可能發現了以八到九成的高命中率來掌握股價動向的祕訣。這聽起來很合理，不過就算是事實，只要JCOM男不願意將這個祕訣公諸於世，我們便無法獲悉真相。又如果有人發現了JCOM男的祕訣，那這個人也應該只顧著中飽私囊而不外傳，所以我們仍然無從得知任何JCOM男致富的方法。

對此，我們以「股票投資是由運氣決定的遊戲」為前提，慎重地思考「財富是否有可能在五年內增加為一萬倍」。首先，必須先解釋複利與槓桿（接下來將會出現一些簡單的數學，請稍作忍耐）。

把錢放在銀行定存，很少有人會把利息以現金形式提領出來。這是因為我們知道把利息再次存入戶頭，好處才更多。

為了方便說明起見，我們將十萬日圓以百分之十的年利率放進銀行定存。這麼一來，一年後便能領到一萬日圓的利息（本金十萬日圓×利息百分之十＝一萬日圓）。若每次以現金提領出利息，十年便是十萬日圓之譜，與本金十萬日圓一起計算，則這筆錢應該增加至二十萬日圓（要是現金沒拿去花掉的話）。

接著，我們不以現金提領出利息，而將其放入定存。因第一年的利息同樣是一萬日圓，加入本金後第二年的計算便從十一萬日圓起跳（本金十萬日圓＋利息一萬日圓）。於是第二年結束時，所拿到的利息應該是一萬一千日圓（本金十一萬日圓×年利率百分之十）。同樣的道理，第三年的本金來到十二萬一千日圓（本金十一萬日圓＋利息一萬一千日圓），第三年結束時所拿到的利息為一萬二千一百日圓（本金十二萬一千日圓×年利率百分之十）。而第四年的本金則來到……（以下省略詳細的計算步驟）。如此一來，十年後帳戶的餘額約增加至二十六萬日圓左右。

若是每年將利息領出（將此稱為「單利」），最後只能存到二十萬日圓。但只要將利息繼續放入定存，光是如此十年後帳戶餘額便是二十六萬日圓。藉由將利息併入本金，什麼都不必做這筆錢便會平白增加六萬日圓。

複利的說明就到此為止，接下來要介紹的是槓桿。

「給我一個支點，我就能舉起整個地球」，是阿基米德發下的豪語。而所謂「槓桿」，指的是不費吹灰之力舉起重物的「槓桿原理」。投資上的槓桿操作，便是利用槓桿原理來放大收益。槓桿操作並不難，只要有人願意借給我們投資的本錢即可。

那麼，就假設從朋友那裏借了十萬日圓，將總計為二十萬日圓的本錢放進銀行定存。本錢變成二倍，利息自然也跟著變成二倍。這麼一來，十年後的帳戶餘額會變成約五十二萬日圓（二十六萬日圓的二倍）。就算之後把十萬日圓還給朋友，手頭上仍有四十二萬日圓。自有資金十萬日圓的複利運用結果為二十六萬日圓，但只要再借個十萬日圓，最後手頭上便會增加了十六萬日圓之多！

槓桿的介紹到此為止。很簡單吧！

## 將無限的財富拿到手的方法

在了解複利與槓桿後，接著就來看看二者的威力應用在股票投資上會產生什麼效果。

投資金額與投資所需本錢的比例稱為槓桿比率。以一百萬日圓的自有資金承購相當於一百萬日圓的股票稱之為股票實體交易（physical transaction），此時的槓桿比率為一倍（相當於一百萬日圓的股票÷一百萬日圓的自有資金）。若採取信用交易或保證金交易（margin transaction）可進行最多為本錢三倍的投資的話，也就是說一百萬圓的自有資金可買到相當於三百萬圓的股票，在這種情況下，槓桿比率為三倍（相當於三百萬圓的股票÷一百萬圓的自有資金）。

◆在此不需了解何謂信用交易，只要先想成證券公司提供股票承購資金的融資即可。

在所有的金融商品當中，能夠以最高的槓桿比率進行操作的是期貨交易（futures transaction）。比方說，日經二二五期貨便可進行本錢二十倍左右的投資，也就是說一百萬圓的自有資金可進行相當於二千萬圓的投資。

◆因為一般人不做期貨交易，故不進行詳細介紹。可以想成買賣日經平均指數的交易。

例如，二〇〇五年十一月日經平均股價指數為一萬四千日圓（一萬四千點）左右。在期貨交易中是把平均股價指數的一千倍算做一張，因此只要有七十萬日圓的頭款（這裏稱為「保證金」），就能買到一張相當於一千四百萬日圓的期貨。而這個期貨直接受日經平均股價指數牽動，每當股價指數上下波動一百日圓，就相當於十萬日圓的賺賠。

買賣一張期貨所需保證金的金額每天都在變動，在此為方便起見，沿用上述的七十萬日圓。若一開始的可用投資金額為一百萬日圓，承購一張期貨只需用到七十萬日圓，因此戶頭還剩下三十萬日圓。若股價指數漲了四百日圓，便獲利了四十萬日圓。將這筆獲利加上戶頭所剩的三十萬日圓湊成七十萬日圓左右，便能夠再買進一張期貨。說得更清楚一點，便是可進行股價指數一萬四千四百日圓的期貨二張，總額相當於二千八百八十萬日圓的投資。

在這個狀態下若日經平均股價指數持續上升，三百五十日圓的漲幅便可帶來七十萬日圓的獲利，又能再多買一張期貨。像這樣同時進行槓桿與複利的操作，會發生什麼事呢？

結果是令人難以置信。

在股價指數為一四、九八四日圓時，便是期貨四張。在股價指數為一五、一五九日圓時，便是期貨五張。在股價指數一五、二九九日圓時，便是期貨六張……所運用的資產，以上述的等比級數一路增加。日經平均股價指數在二〇〇五年十二月二十六日來到一萬六千日圓，此時的獲利應已超過一千萬日圓。最初的一百萬日圓在短短不到二個月內便成長為十倍，若股價指數如此地持續攀升，理論上在超過二萬日圓時你已坐擁無限的資產了。

## 將一百萬變成一百億的遊戲

即便理論上如此，實際上當然不會發生這樣的情形。因為股價指數不會一直往右上直線攀升，也不是經常能在所希望的時間以所希望的價格進行交易。因此，接下來以日經二二五期貨的交易數據資料，來進行較為真實的情境模擬。

操作的起點為二〇〇五年的十一月一日，期貨價格的初始值為一三、六七〇日圓。到了十二月三十日收盤價為一六、〇五〇日圓，由於漲幅達二千三百八十日圓（一七．四％），以一百萬日圓的本錢承購期貨一張，光是放著不管便能獲利二百三十八萬日圓。藉由槓桿的效果，什麼都不必做便可在二個月內使財富增加為三．四倍。

接著再加上複利的威力，每當出現獲利時我們便加碼買入期貨。不過詳細的計算再下去便會沒完沒了，僅大致上帶出結論。

若持續進行賺了便加碼買進，賠了便脫手了結槓桿操作部分的單純交易，到了十二月十二日獲利就會超過一千萬日圓。雖然年底前出現了兩次股價指數下挫，若能安然過關，新年度來臨時投資總額便會膨脹至五億日圓，獲利則達到二千萬日圓（不過，隨著交易時間點的不同結果會大不相同）。

在投資上複利與槓桿的組合，就好比一級方程式規格的賽車。只要有辦法駕馭自如，在賺取財富上將會發揮超乎想像的威力。

話說回來，這個「夢幻投資法」有幾個問題。在股價指數無預警下滑時，將會放大槓桿操作部分的虧損。比方說上述的例子，會因為二〇〇六年一月活力門事件爆發所引起的股價指數暴跌而突然虧損三千萬日圓，搞得傾家蕩產。

在這個簡單的試算中可以了解，只要將複利與槓桿的操作提升至極限，短期內財富增加十倍絕非不可能的任務。也就是說，反覆進行四次這樣的操作，理論上最初的一百萬日圓在第五年就能變成一百億日圓。

各位可能會認為「這不過是紙上談兵」。沒錯，絕大多數的人會在成為大富翁前遭到淘汰。不過，要是參加這個遊戲的有一萬人呢？當中總有一人能夠連續四次過關斬將，成功將一百億日圓拿到手吧。

## 「人類滅亡之年」的妄想

人會突然被古怪的想法占據整個心思。諾斯特拉達姆士（Michel de Nostredame）預言人類將滅亡的一九九九年底，我還是個朝九晚五的上班族。當時正逢網路泡沫的巔峰期，美日兩地的股價以一飛沖天的氣勢持續創新高，而我也正滿腦子盤算著在一個月內將一百萬日圓增加至一億日圓的計畫。

雖然自己到現在也不明白當年為何沉溺於那樣的荒誕無稽之舉，不過我想催化劑應該是因為讀了關於動能投資策略（momentum strategy）的統計學研究——「momentum」表「氣勢」之意，指的是在行情上漲時只顧著買進，在下滑時一股腦地出脫、出脫、再出脫的代表性投資策略之一。經濟學家們在驗證動能投資策略的有效性後，了解到在明顯存在行情上漲或下滑趨勢的情況下，這個策略會收到平均資產運用績效比平常高出將近百分之十的顯著效果。

若這項研究結果屬實，在股價指數上漲時藉由大幅度的槓桿操作，門外漢應該也能以「統計顯著性」（statistically significant）的機率成為億萬富翁。網路革命正逐漸改變人類的歷史，若想致富，現在正是千載難逢的好機會——簡單地說，當時我就是做著這樣的美夢。

美國的那斯達克股票市場，不乏微軟、英特爾、雅虎或亞馬遜等名聲響亮的科技或網路公司。而對其中百大企業平均股價進行交易的，便是在芝加哥商品交易所（Chicago Mercantile Exchange）上市的那斯達克一百股價指數期貨。那斯達克一百股價指數期貨，是可媲美標準普爾五百（S&P 500，美國前五百大企業的股價指數）之全球交易量最高的股價指數期貨，更是身經百戰的專業交易員的主戰場（這段內容，即使完全不了解美國股市的相關知識也可以理解）。

在當時，那斯達克一百股價指數期貨的倍率是一百倍（譯注：倍率為交易單位與報價單位的比例；例如黃金期貨的倍率為一千倍，其報價單位為一公克，交易單位則為一公斤），槓桿比率則是二十倍。一九九九年夏那斯達克指數為二千點左右，若美金對日圓的匯率是一比一百計算，一百萬日圓差不多可投資相當於二十萬美元，也就是二千萬日圓的期貨。

那時日本幾乎找不到肯為散戶投資人開設期貨交易帳戶的證券公司，就算願意提供這項服務，也會收取天價的保證金，並只能以電話進行交易，可以說毫無用武之地。不過芝加哥的股價指數期貨可在網路上進行交易，且交易時間從日本的晚間十一點三十分到翌日早晨的六點十五分（夏天則會提早一小時），下班後可從容地在家裏進行期貨交易（理想狀況下）。

不過，這並不是我選擇海外期貨交易的真正原因。我所盤算的，其實是更邪惡的事。

假設我的投資結果與預期有所出入而造成龐大的虧損。對方是遠在太平洋另一邊的期貨交易公司，很難想像他們會專程飄洋過海到日本來追討保證金（margin call），而且就算萬一被告上法院，也因為我名下並無汽車、自用住宅等固定資產（現在也是），宣告自願破產便能簡單地將債務一筆勾銷。也就是說，獲利為無限大但虧損只有最初的一百萬日圓，這不是一樁占盡便宜的交易嗎——我當年相當認真地思考如此荒唐的事（現在回想起來，真是丟臉極了）。

## 一天內賺進二億日圓，賠掉七億日圓

一九九九年，我花了一整個夏天的時間統計與分析那斯達克股價指數的數據資料，並在美國的期貨公司開設可進行網路交易的帳戶，將高速網路線拉到家裏，到了那斯達克股價暫時下挫的十月中旬首次建倉（交易者新買進或新賣出一定數量的期貨合約）。

不過，一開始的意氣風發在短短的一個月內煙消雲散，不得不放棄發財的夢想。倒不是因為慘賠得血本無歸，而是心理與生理狀態都消耗到了極限。

一開始的計畫是看了開盤價後先鑽進被窩，並於收盤前起床，若獲利便加碼買進期貨，要是賠錢就出脫。由於停損（stop loss，股價超過一定的水平便自動進行反向買賣掛單）機制限制了虧損幅度，就算熟睡也應該沒什麼大問題才是。

不過，隨著股價上升（那斯達克在一個月內上漲了將近百分之三十），投資總額也跟著擴大，「股市突然暴跌，停損機制也失靈，早晨起床時已經破產了」等的強迫觀念揮之不去。最恐怖的還是西元二千年問題，甚至在睡夢中也被「當一月一日來臨的瞬間，全球電腦大亂，社會機能麻痺，股票市場崩潰」的預言壓得喘不過氣來，根本無法一夜好眠。

於是，我便整晚守在電腦螢幕前，像是要把即時股價指數看板和走勢圖吞下去似地盯著瞧，直到快破曉時打個一小時的盹，再準備上班。這樣的狀態持續了兩個星期，某天早上在睡意朦朧中走下人滿為患的通勤電車，在爬上樓梯正要步出剪票口的剎那，原本湛藍的天空突然變成不帶半點色彩的黑白世界。想想「再這麼下去可能命都要沒了」，便覺得自己的所作所為像是一場空，結果當天晚上便把所有的期貨合約清算了結。也就是說，我是個沒毅力的傢伙。

現在回過頭想想，我沒辦法持續期貨操作的理由其實呼之欲出。當時的我，艱苦地周旋於把一百萬圓變成一億圓的魯莽計畫與每天朝九晚五的工作之間。同時，也是在生理與心理上難以兩全的生活型態。

要是那天我遞了辭呈並孤注一擲於億萬富翁的美夢，會是什麼樣的結果？

進入十二月後，那斯達克股市更出現過熱的跡象，股價指數在一個月內暴漲了百分之三十以上，是盛況空前的大好行情。若我照著當初計畫好的動能投資策略繼續進行交易，在十二月三十一日的時間點便能持有相當於八十億日圓的二百張那斯達克期貨，把將近四億日圓的獲利落袋。最初的投資金額為一百萬，因此資產在二個月內增加為四百倍。

不過，要十拿九穩贏得這樣的賭注，對我來說還需要二個嚴苛的條件。

一個是直到賭贏為止我的內心毫不動搖，始終保持心平氣和，以事先規畫好的方案持續進行交易。另一個則是於年底清算所有的期貨合約並徹底與賭場（期貨市場）劃清界線，從此金盆洗手。

開春後的一月三日，那斯達克指數上漲了將近一百點。試算結果顯示，光是這一天我就能賺到二億多日圓的獲利。再以這筆獲利加碼買進期貨，資產運用總額將會突破一百億日圓。

接下來第二天的一月四日，那斯達克指數一下子狂洩了二百五十點。在黎明破曉時分，我應該已經虧損了七億多日圓而處於萬劫不復的破產狀態。

這個計畫原本就只是個白日夢。八九不離十，這兩道關卡我大概都無法順利通過。

## 股票市場裏住著魔法師

當逮到JCOM股票的烏龍交易機會而獲利二十億日圓的男子出現時，他的年齡和職業頭銜立刻受到世間矚目。不過，這並不是值得大驚小怪的事，反倒若不是「二十七歲、無業」，便構不成神話了。

正因為沒有什麼好失去的，才有辦法承擔大的風險。雖然這樣的說法很不好聽，但不管在哪個時代，成功的交易員都是出自於類似在小鋼珠店門口排隊等著發財的年輕人當中。領著幾千萬日圓績效獎金的「金融專家」，應該不會去冒那些要是失敗連人頭都會不保的風險。

金融市場浩瀚無比，就算是力量單薄的個人也可以冒著天大的風險來追求巨額獲利。理論上風險與報酬會維持平衡，不過實際上市場參與者當中，也有人即使不斷地加高龐大的賭注，還可以同時將風險控制在相當有限的範圍。

與擁有家庭、工作、財產、名聲等一旦失敗便會失去太多的競爭對手相比，沒有這些包袱的人完全處於優勢的立場。只要看看被譽為「成功」的交易員都是哪些背景，便可一目了然。如果你有不能失去的東西，那麼賭贏的可能性微乎其微。

過去我所嘗試的超高風險投資，現在已是任誰都能輕鬆透過日本的證券公司進行操作。如同日經二二五期貨的試算所示，只要能搭上漲勢的順風車，對股票完全外行的人把一百萬日圓變成一億日圓也不是什麼不可能的事。

複利與槓桿是了解股票世界所必需的知識。然而，我並不是鼓勵大家去進行超高風險的投資（若想嘗試的話後果自行負責）。理由是這樣的投資持續下去，理論上到最後一定會兵敗如山倒。

最大的問題在於，操作得愈成功投資總額愈為膨脹，當股價指數的走勢不如預期理想時，虧損也會如滾雪球般地一發不可收拾。結果便是天崩地裂，個人前途毀滅殆盡。

股票市場裏住著魔法師。這位魔法師性格反覆無常，他能隨心所欲地將年輕並且終日無所事事的尼特族（Not in Employment, Education or Training）變成時代的寵兒，也能讓億萬富翁在一夜之間身陷囹圄。

而且，誰也無法預料自己將會被施以什麼樣的魔法。

# 第2章

# 從「堀A夢」的炒股案談起

## 超速是犯罪?

二〇〇六年一月東京地檢署強制搜索活力門（livedoor）公司導致證券市場大亂，並發生了東京證券交易所被迫全面停止交易的異常事態。接下來的調查揭穿活力門美化財務報表與操縱股價的真相，連著幾天緊迫盯人的追蹤報導讓人感覺像疲勞轟炸。但不少人懷疑「到底『堀A夢』做錯了什麼？」，對「堀A夢」遭到逮捕一事感到不可思議。（譯注：「堀A夢」是當時日本知名入口網站「活力門」社長堀江貴文的外號，取「活力門」有如多啦A夢的「任意門」般，一打開便可隨手取得大把鈔票之意；幾經波折，最後「活力門」在二〇一二年初被合併至NHN JAPAN。）

所謂的犯罪，在大多數的情況下有受害者存在。若是命案，受害者便是遭到殺害的人及其家屬。那麼，「活力門事件」的受害者是誰？能夠立刻回答出這個問題的，又有幾個人呢？

說到「沒有受害者的犯罪」，馬上想到的便是開車超速。在北海道的廣闊原野上以一百二十公里的時速飛車，並不會造成其他人的困擾。就算被測速照相拍到並課以罰金，也只會因「運氣真背」而受到同情，並不會被稱為罪犯。

世上的違法不見得都構成犯罪。相反地，並不是所有的犯罪都會遭到懲戒。人類的社會相當複雜，要將所有的狀況都寫進法律條文是不可能的事。

我對「堀A夢」毫無興趣，也沒想過投資活力門的股票，不過看了他被捕後報紙與電視的報導，有那麼一丁點同情他的處境。當然，也有部分原因是對那些為提升收視率的嗜血撻伐與落井下石（特別是新聞談話節目）而倒盡胃口。

或許「堀A夢」清楚自己的所作所為是違法的（至少也知道是處於灰色地帶），不過在他的認知裏那不構成犯罪，就好比開車超速一樣：

「大家都這麼做，而且也沒對其他人造成困擾啊。再說，我只是稍微急了一點而已。」

「堀A夢」超速的地方不在北海道的廣闊原野，而是在日本的證券市場。被捲進交通事故的人並不在少數，因此堀A夢說「沒對其他人造成困擾」確實是他一廂情願的藉口。那麼，他的所作所為究竟錯到什麼程度？

簡單地說，「堀A夢」發現了在股票市場煉金的方法。他以煉金術打造了市值逾一兆日圓的集團企業，就算是海市蜃樓，也算是一番難得的成就。

他的錯覺是，以為只要用這種方法賺來的錢併購對於市場反應如恐龍般遲鈍的公司，大家會因此而鼓掌叫好。

「若世界上不再有那些冥頑不知變通的傢伙不是很棒嗎？『改革』不就是這麼一回事嗎？」

不過，國家社會比他所認為的還要更陰險（大概吧）。

本章的目的是從「堀A夢」身上學到股票市場的祕密，在這之前，我們先來思考一下，所謂賺錢到底是什麼意思。

## 資本主義的原理

經濟學家岩井克人多次表示，資本主義的原理是由差異創造出利潤。

在貨幣誕生之時開端的重商主義中，空間的差異（隨著場所的不同價格也有所不同）是獲利的泉源。假設蘋果在青森縣的產地價格為一個一百日圓，到了東京則一個賣到三百日圓。若以一個一百五十日圓的成本進貨青森的蘋果，並以一個二百五十日圓的價格在東京的超市販售，就能夠把對手一腳踢開，做起獨家生意。隨著發現這個機制的企業家陸續出現，青森的蘋果漲價、東京的蘋果降價，其價格差距會逐漸縮小至運費、倉儲保管費再加上人事費用的總額。

由工業革命所催生之早期的產業資本主義，以都市與農村之間的所得差距為獲利泉源。假設勞工的時薪在日本為一千日圓、在中國為一百日圓，那麼企業透過在中國召募員工或乾脆將工廠整個遷移至中國，便能夠獲取更多的利潤。

在後期的產業資本主義，獲利泉源更加上了時間的差異（未來與現在的差距）。至十九世紀中葉為止，人類的移動方式只有仰賴馬車或人力車。所謂的創新，是比任何人都早一步預見未來的世界（比方說蒸汽火車、汽車、飛機的發明），並將目前的馬車道變成高速公路等的一連串升級。到了二十世紀下半葉，從資訊通信到生化領域，都透過科學發展或技術革新創造了龐大的財富。

如以上所述，資本主義的原理在於由存在於市場的所有差異（價格扭曲）創造出利潤。而所謂的企業家，就是比誰都早一步發現市場的扭曲，以利己的動機企圖獲取利潤，而促使市場效率化，並擴大社會財富的人。亞當・斯密（Adam Smith）將這個「以個人私利帶動人類幸福生活的機制」，稱為「看不見的手」。

某個經營一家不起眼的網頁製作公司的年輕人，幸運地趕上二十世紀末的網路泡沫熱潮而成功將股票上市，並發現潛藏於日本證券市場的巨大扭曲。只要有技巧地利用這個扭曲，便能不費吹灰之力將龐大的財富納入口袋。

當注意到有這麼一回事的時候，這個年輕人大概喃喃自語著：

「什麼嘛，發財根本不難啊。」

## 因為不存在市場機制，才發生了活力門事件

「堀A夢」的嫌疑，在於為了維持股價而美化財務報表，與為了在高點賣出而操縱股票行情（假交易與散播假消息）。在此，以堀A夢遭到逮捕的直接原因「藉由股票分割使行情上漲」為例進行說明。

一開始先來看一個問題。

假設箱子裏放了一百顆豆子，並以一箱一百日圓的價格販售。若將這些豆子在桌上一字排開並進行零賣的話，豆子一顆能賣到多少錢呢？

不管是整箱賣還是零賣，豆子的價值不會有任何改變，以一百個為單位、總價一百日圓

的豆子，當然是一個一日圓了，任誰都會這麼回答。不過在日本的證券市場，光是把股票拆開來零賣，便能將原本應該一個一日圓的東西變成一個十日圓或二十日圓（在實際的證券市場，股票愈零賣愈是費事，因而價格高於應有行情。不過在數位化的股票市場賣一股和賣一百股並沒有差別，藉由分拆零賣的價格上漲效果非常有限）。

為什麼會發生如此神奇的事？原因在於，日本法律規定在對一百顆豆子進行零賣時，要暫時先將其餘的九十九顆豆子放進倉庫。這麼一來，市場上便只剩一顆豆子。就算知道一週後會進貨其餘的豆子，總有恨不得想馬上嚐鮮的人。結果根據供需法則，豆子零賣後價格便扶搖直上。

不過，故事還沒有完。這個豆子，還附帶著可自由轉售他人的額外好處。這麼一來，假設以二日圓的代價買進一個值一日圓的豆子並以三日圓轉售給其他人，以三日圓買進豆子的人又想辦法以五日圓的價格轉售給其他人，以五日圓買進豆子的人又去找願意出十日圓的買家……就這樣豆子的價格愈來愈高。到最後，豆子竟漲到一顆二十日圓的天價。要是所有的豆子都能以這個價格售出，光是藉由分拆零賣，原本一箱一百日圓的豆子便是二十倍的身價。

當然，真正的市場經濟不可能發生這樣的事。如果豆子的價格加倍，一直以來在後院有一搭沒一搭地種植豆子的小規模農家便會開始出貨。因為能連本帶利回收，就算栽種費時費力也划得來。由於豆子的供給增加，價格便逐漸回歸初始值。這就是市場機制。

坊間大多認為活力門事件是「市場機制的失敗」所致，這是天大的誤解。「堀A夢」之所以發大財，其實是來自日本證券市場的巨大缺陷，也就是市場機制根本無法啟動，才得以成真。

## 「堀A夢歷險記」是這麼開始的

如果把總價一百日圓的一百個豆子零賣，一個便是一日圓。同樣地，將一股一百萬日圓的股票分割為一百等份，理論上每股應該是一萬日圓。不過，這個連小學生都懂的數學，在日本的證券市場卻不成立。

不光是如此，還有更神奇的事在後頭。已持有股票的人在新股流通市面之前，不管股價怎麼飆漲都不能賣出。這是怎麼一回事？

假設你手上握有一個裝著一百顆豆子的箱子（原先的一股），而公司現在決定零賣這些豆子。於是你擁有的其餘九十九顆豆子在一定的期間內被強制扣留，只留下一顆在手上（分割後的一股）。也就是說，就算豆子一顆漲到二十日圓，身為股東的你也只有眼巴巴地看得到吃不到。世界上有這麼蠢的事嗎？

不過利用市場機制，可以矯正這個不合理的現象。當然，在證券市場沒辦法以其他的豆子（比方說名為「三木谷」的豆子）來取代「堀A夢」的豆子，不過賣空的機制卻能夠將股票的價格控制在合理的水平（譯注：「三木谷」指的是樂天市場的CEO三木谷浩史，當年「堀A夢」曾與三木谷浩史競購職業棒球隊與電視台股權）。

目前市場行情為豆子一顆二十日圓。不過，一週後倉庫裏的其餘九十九顆豆子將會出貨。這麼一來，市面上便會「豆」滿為患，必定會回歸至原本一個一日圓的價格。

如果你是個野心勃勃的投機客，應該會絞盡腦汁想出利用這個巨大的扭曲來發財的手段吧。

其實，這裏有個很不錯的招數。

街頭巷尾有不少人願意出價二十日圓購買豆子，不過你手頭上沒有那最關鍵的豆子。那麼，就先以一個二十日圓的價格賣出並不在自己手上的豆子。

至於為何能夠變得出像這樣無中生有的魔術？道理在於，以「一週後一定如數奉還」的借據與擁有豆子的人做交換。因為豆子在一週後應該會降價至一顆一日圓，只要到時候將市面的豆子買回返還對方即可。雖然順序有些前後顛倒，但這等於是以一個一日圓的價位買進的豆子在二十日圓的行情賣出，平均每顆豆子大賺了十九日圓。這便是所謂信用交易的賣空機制。

因此，在可自由進行賣空的市場，零賣的豆子並不會漲到二十日圓之多。可能在漲了二、三日圓左右時，忍不住摩拳擦掌等著要賣空的投機客便會出現了。即使只以二日圓進行賣空，並在一週後以一日圓的價位買回，不費吹灰之力便可以使財富加倍。知道有這樣的好事，愈來愈多投機客紛紛加入賣空的行列，最後的結果是就算零賣豆子，價格也不會有所改變。這麼一來，一箱一百日圓的豆子還是以一個一日圓的價位出售，市場的扭曲消失無蹤。

不過，名為「堀A夢」的豆子卻讓上述的機制發揮不了作用。活力門的股票規定為就算可融資買進，也不得賣空。

可融資買進，指的是以豆子為抵押來借款後，買進豆子。另一方面，由於禁止賣空，就算知道豆子的價格高得不合理，投機客若不先下手把豆子買下來，便沒有東西可賣。

就這樣，煉出黃金的兩個條件都齊全了。對一百顆豆子進行零賣，而市場上的豆子只有一顆。接著，禁止對漲價的豆子進行賣空。因此，豆子的價格就只有一路往上攀升了。當注意到有這麼一個絕招可讓市場機制無法啟動的時候，「堀A夢歷險記」就此揭開序幕。

## 財富從天而降？

某公司的管理部員工發現本年度營利結算比預期要來得糟糕許多，一週後財報就要公布。若難看的數字在市場上傳了開來，股價將會大跌。因此，他想到事先偷偷地把股票賣空。在財報公布後，果然如先前所料股價大跌，而這位乘機撈了一筆的員工把Corolla換成了BMW……。

在股票市場上，這種行為被稱為「內線交易」，而且嚴格禁止。若基於一般投資人所不知情的內部消息進行投資，那麼肯定任何人都能穩賺不賠。若股票市場像個可在光天化日之下明目張膽耍詐的賭場，那麼誰都無法放心地進行投資，嚴格加以規範也是理所當然的事。

內線交易是由日本證券交易監察委員會（Securities and Exchange Surveillance

Commission, SESC）負責監視、舉發。不過在現實中，一天的股票成交總值高達四兆日圓、成交股數有四十億股之多（二〇〇六年的數字），要監控市場上所有的交易幾乎是不可能的事。

日本的股市，在企業可能宣布巨額虧損的情況下，從二、三天前股價便開始下跌的案例其實相當多。當然，這些案例總被外界懷疑是內線交易，但真的鬧成大事的只有一小部分。因為是重大犯罪，沒有人會笨到在自己的證券帳戶進行內線交易。只要低調地以小舅子或朋友父親的名義暗中進行，內線交易因果關係的證明便難上加難。更大費周章的，也有利用海外的投資公司和證券公司的例子。這麼一來，到底是誰在進行內線交易便無從查起。偶爾真相浮出水面，通常都是夥伴間的嫌隙或嫉妒所導致的自己人爆料。

「堀A夢」的煉金術，可以說是將內線交易以大規模且巧妙的方式進行的乾坤大挪移。

詳細經過已在當年的報紙或新聞節目中多次被報導，簡單地說，便是利用企業合併的方式將自家公司的股票寄放在合資企業處，股票分割的消息公開後若股價上漲便在高點賣出，並將獲利送還至自家公司（也被懷疑有事先將股票轉讓給相關人士，將部分獲利做為賄賂或收取回扣之嫌）。為什麼得這麼麻煩呢？

其實「堀A夢」還有一道必須克服的關卡。由於日本的法律對公司取得自家股票（庫藏股）有非常嚴格的限制，不管股價漲得多高，沒有關鍵的商品（自家公司的股票）便發不了財。

不過，只要讓旗下的合資企業併購雜七雜八的公司，並將活力門所發行的自家股票與併購對象公司的股票進行交換，便能夠合法（其實是規避法律）且隨心所欲地發行新股。一言以蔽之，跟印鈔票沒什麼兩樣。

活力門確實併購了不少怪裏怪氣的公司，像是社長因違反毒品管制法被抓、創辦人因私吞公款潛逃而被逮捕的公司。這便是堀A夢的「策略」，只要價錢便宜什麼樣阿貓阿狗的公司都好。因為，它們只不過是用來在股票市場賺大錢的道具而已。

一般來說，若沒有發生足以使股價大幅波動的大事（大型合併、巨額虧損等），內線交易並不足以成立。不過，「堀A夢」卻有辦法呼風喚雨地製造出這些大事。而股票分割只要取得董事會的決議，便能夠隨心所欲地在所希望的時刻進行。

此外，理論上，股票分割這個動作本身並不會對股價帶來任何影響。就算利用市場的缺陷讓股價「不小心」暴漲，也非「堀A夢」蓄意而為。既然如此，對一個企業領導人來說，利用這樣的僥倖來發財也就不足為奇了。

揣測「堀A夢」的想法，簡單地說，就是當他走在路上時財富突然從天而降，而他認為自己不過是最早發現並撿回家的人。

「連擺在眼前的財富都不會伸手去拿，你會投資那種愚蠢的企業領導人嗎？」堀A夢拋出了這麼一個問題。而股東的答案，大家都瞭然於心吧。這個相信「世上沒有錢買不到的東西」的年輕人，所追求的無關道德或正義，而只是利益罷了。

那麼，活力門事件的受害者到底是誰呢？

## 「堀A夢」正是資本主義本身

一個一日圓的名為「堀A夢」的豆子，藉由零賣的方式漲到一個二十日圓。而且，只有「堀A夢」才能自由販售這些豆子（只需印股票就行）。這的確相當狡猾。不過，一般的投資人參加這個賭博仍有足夠的贏面。

電視新聞與報紙經常以「不勞而獲」之類的話語來進行批判，不過要在高點賣出股票其實是難度頗高的事。若一次大量拋售便會崩盤，而一味地等待高點到來則可能錯過脫手的好時機。結果是，很有可能發生平均下來豆子一顆只能賣到五日圓的情況。但另一方面，以五日圓的價位買進並於二十日圓的價位脫手而大發橫財的，也是大有人在。

這麼一來，受害者是以一顆豆子二十日圓的價位買進的可憐投資人嗎？不過，他們之所以願意在高點買進，還是在於認為有人會出更高的價錢接手。簡單說，就是明知這是賭博仍執意參加，但結果事與願違罷了。一般來說，不會稱這些人為「受害者」吧。

也許有人會提出「他們不也是活力門的股東嗎？」的反駁。不過，賭博賭輸的投資人並不會長期停留在股東的角色。在知道沒有人會出價更高來承接股票的那一刻，他們所能做的便只是盡快出脫持股。最後，等到一顆豆子降至一日圓再出手的理性投資人，就會成為股東。

因此，在高點承接的股東們，其實並不能算是「受害者」。

根據報導指出，活力門將合資企業的獲利送還至本身來美化財務報表。當然這是一種違法行為，但與出售給產業重生機構的佳麗寶謊報不曾存在的獲利，以及破產的山一證券、長期信用銀行之隱瞞巨額呆帳等案例比起來，情況則大不相同。活力門藉由煉金術創造出的財富確實擺在眼前，只是偷天換日，搖身一變成了企業的營利。也就是說，光是獲利增加這部分應是提升了企業價值，股東也確實從中得利。

那麼受害者是日本國民嗎？可惜這也不是正確答案。活力門藉由會計操弄的手段，將原本應是虧損的財報數字美化為盈餘。若有盈餘，當然就得繳交營業所得稅。「堀A夢」特地將放在海外的自家公司股票脫手後的獲利匯回日本國內，並繳了稅。

簡單地說，活力門的商業模式是以股票市場為舞台開設賭局，藉由身兼莊家與玩家的雙重角色，從欲分得一杯羹的投資人（投機客）身上謀取暴利。接著，將謀取到的暴利「狸貓換太子」至本業的獲利，透過財報數字的美化，股價得以攀升。這麼一來，便能夠開設下一場規模更大的賭局。

不過，這種作為卻不能立即被判定為惡行。他們只是利用了股票市場制度上的扭曲，而從市場扭曲中得利的行為正是資本主義的原理。否定「堀A夢」，也就是否定了資本主義。這就是活力門事件令人百思不解之處。因「震撼日本的經濟犯罪」而得利的人（當然包括堀A夢本人）多如過江之鯽，卻沒有人知道受害者在哪裏。

## 登峰造極的虛擬公司

投資活力門的人都深信「堀A夢」是日本經濟的救星嗎？那倒不見得。不管怎麼看，「堀A夢」的所作所為總讓人覺得並非正道，只要稍微調查一下，就能馬上明白活力門其實是個不具事業實體的企業。

為什麼「堀A夢」的煉金術能成功地煉出黃金呢？其實，這裏還隱藏著另一個股票市場的祕密。那就是，**在股票投資上自己是怎麼想的並不重要**。

自從電視上播出了崇拜堀A夢的小學生大喊著「我也用零用錢買了活力門的股票！」之後，活力門的股票便應聲上漲。當然，就算這個小學生以五百日圓的硬幣買了一股，也不會對實際的股價帶來任何影響（活力門的股票發行總數多達十億股）。

不過，有些人看了這一段報導後，會產生「連這樣的小毛頭都在投資堀A夢，那麼一定還有許多同類」的想法。若他們是理性的投資人，應該會認為「先下手買進活力門的股票，也許有發財的機會」。

或者，你是個更具慧眼的投資人，可能已經識破活力門的事業其實是場騙局。在看了小學生買股票的報導後，大嘆：「被那種騙子耍得團團轉，真可憐。這麼一來搶購活力門股票的傻瓜又更多了。」不過，就算如此故事結局也不會有所改變。因為，只要你是理性的投資人（因為具慧眼，當然就會理性投資），便會認為「在那些笨蛋搶購之前早一步買活力門股票的話，一定會發大財」。

最早看穿上述股票投資本質的就是經濟學家凱因斯（John Maynard Keynes），而且他是以選美比賽來做比喻。不過，這場選美比賽不是選出自己中意的女性，而是投票給大家所公認的第一美女的女性。

試著想想看，要怎麼做才能命中正確答案呢？這麼一來，很快便會注意到自己的喜好其實無關勝負，重點在於大家都認為誰才是最漂亮的。

比方說，假設你堅信「烏黑秀髮是美女的必要條件」。不過世間的常識認為「金髮才是最漂亮的」。這麼一來，就算你討厭金髮（比方說年輕時曾被金髮女孩甩過），比起黑髮美女，投票給金髮醜女才是正確的抉擇。

話說回來，要是除了你之外所有的人也都認為「烏黑秀髮的女性才漂亮」呢？不過就算如此，贏得選美比賽的還是金髮女性。原因在於，大家心裏其實都想著「其他人都會投票給金髮女性吧」。

冷靜並徹底分析股票本質的凱因斯，本身也是位知名的投資人，以劍橋大學資產運用負責人的身分，為母校帶來龐大的獲利。不讓「堀A夢」專美於前，想必凱因斯也對股票市場的機制瞭若指掌。

欲哄抬股價，並不需要得到專業投資人的稱讚：「這個企業領導人很優秀」或「這是很了不起的公司」等等。雖然不是格林童話中被彩衣吹笛人引誘的一群孩子，但只要有些人被「堀A夢」的高調行事作風所蒙蔽，便已足夠。到最後，那些原本瞧不起或嘲笑活力門的傢伙都會爭先恐後地來搶購其股票——因為好像會賺啊。

這麼一想，便不難了解「堀A夢」堅持要併購媒體（知名電視台股份等）的理由了。股票投資在某種意義上，是預測他人之預測的神奇遊戲。而這個預測的連鎖發展在資訊化的社會被擴大、增殖，形成了偌大的洪流。極端地說，「堀A夢」所需的只是掌握電視台或網路服務等「消息發布裝置」，公司的實體存不存在倒無所謂。一旦在市場上打開知名度，只要六本木山莊的總部有個招牌掛著，就算公司只是個空殼，股價還是會一路攀升。

這便是「堀A夢」所致力打造的虛擬公司。這不是荒誕無稽的故事，而且「堀A夢」的企圖與野心成真的機率的確相當高——因為那就是股票市場的本質啊。

## 天真的孩子們將日本變成廢墟

回顧當時種種，「堀A夢」的所作所為與熱中電玩的孩子沒什麼兩樣。他們最沉迷的，便是尋找程式的漏洞或鑽研獨門祕技。藉由身懷這些登峰造極的絕招，一口氣提升遊戲角色的戰鬥級數。

在市場經濟中，誰都無法從價格扭曲獲取永久的利益。像是企圖大賺一筆的淘金熱時代，一旦發財的故事傳開，在人們永無止境之欲望的作祟下，不管什麼樣的金礦都會在瞬間被開採殆盡。

要是扭曲是制度（系統）的產物，那就另當別論了。與市場的速度相比，國家的反應十分笨重遲緩，到法規得以修正而漏洞（扭曲）消失為止，都可以持續不斷地賺大錢。活力門的股票分割成了問題所在（當時的公司名稱，也就是活力門的前身，為Livin' on the EDGE Co., Ltd.），這還要追溯至一九九九年十二月東京證券交易所新興股票市場創設之時。

但法規總有一天會改變，賺大錢的來源也隨之斷絕。即時發行新股與東京證券交易所麾下的大宗股票分割實際上已無法執行，「堀A夢」也不得不轉而尋求新的商業模式（也就是系統漏洞）。

我想「堀A夢」學到新的戲法，大概是在二〇〇四年六月企圖取得職業棒球隊的經營權時。並且經過二〇〇五年取得日本放送的大量股權一役，這個新戲法成功升級為必勝方程式。

「堀A夢」著手進行的，是以金錢遊戲得到的獲利為基礎，從股市成功地籌措龐大的資金，再伺機接收因循舊習或固守國家規章的業界。他深諳扭曲的國度中錢滿為患的道理，大家為此而對自己喝采，而且世上再也沒有比這個更有趣的事了。因為事業本身為「虛像」，若不陸續弄出一個個的新噱頭，便無法維持股價（在那段期間，他將「附帶價格向下修正條款之可轉換公司債」〔Moving Strike Convertible Bond, MSCB〕這個玩具拿到手，但解說過程相當繁瑣，在此省略）。

這個新戲法，與將槓桿操作提升至極限的超高風險投資如出一轍。若想持續進行遊戲，併購的花招便沒有停擺的道理。不過能被併購的公司數量有限，總有一天遊戲會玩不下去。當時活力門集團已膨脹到比目前的規模還來得龐大許多的程度，其破產可能對日本經濟帶來萬劫不復的大災難。

這些話，似乎曾經在哪裏聽過吧。

沒錯，很像日本知名漫畫家大友克洋的代表作《阿基拉》（*AKIRA*）中所描述的故事。天真的孩子們將世紀末的東京變成巨大的廢墟……。漫畫世代的年輕族群到現在仍支持、擁護「堀A夢」，其實理由出自於此吧。

不過，漫畫式的自我增殖故事，隨著「堀A夢」遭到逮捕，僅造成東京證交所的系統大亂便宣告結束，也許對日本社會來說算是件好事吧。

不過，要是「堀A夢」沒這麼快被捕，我倒是想看看活力門後續發展的好戲。

「堀A夢」，是從股票市場的虛擬遊戲空間所創造出的舉世無雙的角色。潛藏於社會的欲望與扭曲，將這個角色變身為龐然大怪物。

# 第3章

# 當沖交易是一種生活型態

## 另一種自由的可能性

從巴里島觀光勝地的庫塔驅車往北約五分鐘，便會到達塞米雅客，那是個偏僻鄉村道路上散布著歐風時髦咖啡座與餐館的度假村。塞米雅客的飯店設施以針對長期住宿客人的度假別墅（villa）為主，與庫塔熱鬧的氣氛完全不同（不過從伊斯蘭激進派恐怖分子所主導的炸彈攻擊事件以來，觀光客著實少了許多）。

我常光顧的網咖位於狹窄巷弄的一隅。網咖裏有個兩台螢幕並排的小隔間，且總是掛著「已預約」的牌子。

某天傍晚，在附近的義大利餐廳用完晚餐後，因為有緊急郵件要寄出，因此前往網咖一趟。赫然發現，有個身著短褲、T恤，腳穿沙灘涼鞋約莫二十五至三十歲之間的金髮年輕人，佔據了隔間，並認真地盯著螢幕看。螢幕上滿是即時股價走勢圖。原來，這個年輕人是個當日沖銷交易人（day trader）。

可能是那天的股價變化不如預期而覺得無聊，那個年輕人竟主動向我攀談：「你也從事股票交易嗎？」之後閒聊了一會，才知道他是來自荷蘭的旅人，以當沖交易為生，賺取漫遊亞洲所需的費用。他的投資標的是倫敦與法蘭克福的上市股票，以兩台螢幕分別監控兩個股票市場，等待交易時機的到來。以隔間圍住電腦，是為了不讓其他人隨意觸碰系統。使用時間則是在歐洲股市開盤的傍晚到深夜為止，當然，他支付的是一天份的費用。

他秀出各種不同的圖表，並以些許自豪的語氣表示「用這個方法一個月可穩賺三千美元」。只要達到目標金額便停止交易開始旅遊，一個月裏埋首於隔間的時間大約十天至二週不等（之後他教了我不少股票交易的技巧，可惜我沒辦法完全理解）。

一九九七年，美國法院做出了「歷史性」的判決。一位散戶投資人控告證券交易所「不賦予個人與投資法人同等的交易機會」乃是不公平的行為，並獲得勝訴。藉由這個判決，個人的電腦可以直接存取那斯達克市場的大型主機。當沖交易元年就此揭開序幕。

剛開始，設置於全美主要都市的交易室是以衛星連線的方式與證券交易所的電腦系統連線，不過隨著網際網路的普及與ＩＴ技術的急速進化，目前連無人島或沙漠中也能進行與專業人士不相上下的股票交易。當沖交易的風潮，從美國、歐洲迅速擴展至亞洲各地。

當沖交易不只是交易手法的一種而已。就技術上來說，他們所從事的工作雖然複雜，但與一般的股票交易員沒什麼兩樣。

我所遇見的這個年輕人，長期待在物價低廉的巴里島（月入三千美元在當地可是一筆大數目），利用時差在傍晚進行交易，白天在海灘享受衝浪的樂趣，晚上則去夜總會跳舞，過著輕鬆愜意的日子。這是歐洲旅人的夢想，不知從何時開始，亞洲的廉價住宿區聚集了分不清是交易者還是背包客的年輕人。

對他們而言，當沖交易是一種生活型態，也是另一種自由的可能性。

## 不存在賽馬必勝法的理由

若說股票投資是一種類似擲銅板的賭博，邏輯上誰都無法透過股票交易長期地持續獲利。短期的股票交易或許還有可能獲利，但持續進行一定次數以上之碰運氣的遊戲，必定會虧損手續費這部分的金額。

比方說賽馬的扣除率（house advantage）為二五％，是投資報酬率極低的賭博。花了一萬日圓買的賽馬券等於從七千五百日圓開始下賭注，光是這麼高的手續費比例，就算能透過戰績與血統分析來稍微提高勝率，終究難以回本。世上並不存在「賽馬必勝法」。

比賽馬投資報酬率更低的賭博便是彩券，在日本，半數以上的彩券收入都落入日本彩券協會的口袋。當然，幾乎所有購買彩券的人終其一生以虧損作收，這也是為什麼彩券被稱為「對無知的人課徵的第二所得稅」。

對此，也許會出現「就算如此，不是也有人中了頭彩而成為億萬富翁嗎」的反駁。這是事實沒錯，但無損於「賽馬必勝法不存在論」的正確性。彩券的中獎率極低，而且一輩子購買的次數有限，不管再怎麼熱中的彩券迷也無法進行統計上足夠次數的下注。如果中頭彩的人擁有不朽的生命，中獎之後持續地購買彩券，照理說會失去半數的彩金。對數字沒有概念的人們，被「用小錢實現大夢想」的戲法耍得團團轉。

與賽馬和彩券之類的「惡質」賭博相比，當沖交易的勝率反而高了許多。目前股票交易的手續費已降至投資金額的〇．一％至〇．〇一％，股票投資儼然已成為所有賭博遊戲中最有賺頭的一種（實際上因為會對獲利進行課稅，導致追加成本出現並拉低利潤，目前二〇〇六年時對上市股票讓渡所得所課的稅率為一〇％。編按：台灣的股票交易，買進與賣出時的手續費率為千分之一．四二五，證交稅率為千分之三）。

堅信市場是有效的經濟學家們，不承認「常勝交易人」的存在。就算出現了五年內將一百萬變成一百億的交易人，也會以「這只是運氣」一語帶過。

不過，我卻認為當沖交易有可能帶來穩定的獲利。其一，股票市場並不如經濟學家所想的那麼有效，其二，我知道好幾位以自己獨創的交易技巧，持續每年獲利數千萬到數億日圓不等的交易人。

即便如此，我自己倒是不想加入當沖交易人的行列，理由如下。

## 股票交易是一種心理戰

理論上，股價由企業的業績決定。但另一方面，就像凱因斯所認為的，股票投資也是一種「選美比賽」。股票市場的參與者不在乎自己的喜好，而是投票給其他參與者認為是美女的個股，因此投資也是一種心理戰。

當沖交易的定義是「一天內反覆進行多次掛單買賣，不將所持證券留待翌日再處理的投資手法」。若將交易的間隔縮短至極限，來自GDP、失業率或業績預測等種種股價變動因素的影響便微乎其微，只剩下股票市場參與者的心態。此時的股票投資，成了撲克之類的以心理戰來決定勝負的遊戲。

當沖交易的參與者從股價走勢來預測其他參與者手裏的牌，頻繁更動持股以出奇制勝。

這其實是相當上乘的心理遊戲（賭博），因此在美國開始陸續有拉斯維加斯賭場的職業賭手轉戰股票或期貨市場。而一天內結束交易並不殘留任何持股，是為了規避不在場時發生虧損的風險。

既然股票交易具有參與者之間心理戰的一面，因此與操縱行情只有一線之隔。最常見的行為便是利用網路的匿名告示板或郵件分發服務來散播對自己有利的假消息，而這些也是企圖炒作行情的投機客所慣用的技倆。藉由大量釋出虛構的買單與賣單，佯裝成該個股受到市場矚目的手法，也頻繁被採用（當然，下單動作會在契約訂定前取消）。

隨著網路的普及，散戶投資人也能夠輕而易舉地將上述的手法進行組合，以自導自演的方式來影響行情。像這樣的行情操縱都違反證券交易法，且該法明訂有包括懲處徒刑的嚴峻罰則，但犯罪意圖的舉證並不容易，灰色地帶的越線行為層出不窮（二〇〇五年十二月北海道的散戶投資人因違反證券交易法而被判有罪，這個人憑一己之力將股價哄抬到五倍之多）。

在日本股市，原本當沖交易人並不多。無論交易手續費再怎麼低廉，若頻繁地進行交易，光是手續費的成本便會把獲利吃得一乾二淨。此外，雖然當沖交易看起來好像很有賺頭，其實這是種一點一滴累積少量獲利的樸質投資手法，並不適用在短期內使小額資金大幅增值的情形。

投資期間比當沖交易來得長，而且想玩再大一點的，便是「波段交易」（swing trading）。波段交易是賭博式地投資股價波動劇烈的個股，對於想利用一、二天內的股價變動來賺取巨額利潤的投資人來說很有吸引力。而傳統型一個月內進行數次的交易，也有人稱之為「短線交易」。廣受投資雜誌報導而成為熱門話題的，也就是有投資人在一天當中進行數百次之多的交易，其實大多數為「程式交易」（program trading），以電腦監控股價波動，待特定條件出現便自動執行交易。

這些手法又被細分為多種，若要解釋其中的不同，話夾子一打開便很難停下來，因此在這裏將眾手法通稱為「交易」——理由是所有的交易皆存在著一個共通的原則。

## 有人賺就會有人賠

只要成為當沖交易人，就不必忍氣吞聲地待在討人厭的公司，還能自由自在地環遊世界，過著隨心所欲的生活。聽起來頗吸引人，不過事實上卻存在著一個陷阱——交易其實是個零和遊戲。

「零和」的意思是賺與賠的合計為零，這是所有遊戲的基本型態。賭一百日圓來擲銅板，其中一人贏得一百日圓，另一人便輸了一百日圓，兩者的合計為零（一般的情況會被扣手續費，變成負值的遊戲）。

同樣的道理，從買賣成立的事實便能簡單地證明股票交易也是零和遊戲。

某支股票的價格喊到一百日圓，代表股票市場存在著以一百日圓買進，以及以一百日圓賣出的投資人。前者買進是因為預期這支股票將會上漲，後者賣出是因為預期這支股票可能會下跌。不管在什麼樣的情況下，如果預測相反方向的投資人不同數量（不同股數），則買賣不成立（要是只有單方面的存在，股價不是持續上漲就是持續下跌）。

在流動性高的股票市場上，股價成交後的瞬間不是往上就是往下變動。換句話說，二名投資人其中一位的預測會命中紅心，另一位則銘謝惠顧。股價上升到一百一十日圓或是下跌至九十日圓，贏家會有所不同，但不管在哪個時間點，二人的損益總和為零的事實卻是不變的。股票交易基本上是無限次反覆進行零和遊戲的交易，因此所有交易的合計也必然為零和。

有人賺了一百日圓，意即有人賠了一百日圓。有人賺了一萬日圓，意即有人賠了一萬日圓。至此讀者們大概都能理解吧。

這麼一來，很自然地大家應該會留意到以下簡單的事實。有人在五年內把一百萬日圓增加至一百億日圓，意即有人在五年內虧損了一百億日圓（正確來說是九十九億九千九百萬日圓）。

當然，並不是單獨一人蒙受如此大幅的虧損。也就是說，這些虧損分散到眾多投資人身上。一名成功者的背後，可能有一萬名投資人的一百萬日圓資金全數泡湯，一去不回。

## 走勢圖能預知未來嗎？

日本並無關於當沖交易的統計調查，而在最先迎接當沖交易熱潮的美國，據稱首度參與遊戲的交易人中，約有七成是在一年後輸得精光並退場。也有報告顯示，當沖交易人當中有辦法過關斬將存活下來的，只占全體的百分之五。我手邊並沒有為這些統計數字的可信度背書的佐證，但應該頗接近實際情況。既然有將龐大獲利納入口袋的交易人，相對地若沒有大量的手下敗將，那就太不合邏輯了。

不論在道理上或事實上，很明顯的「當沖交易肯定有賺頭」是一種誤解。既然如此，為何新參與者仍然前仆後繼地加入？其理由相當簡單——因為電視、雜誌或網路只介紹「成功的交易人」。虧損而退場的人，本身並不會四處大聲張揚。結果，產生了「所有的交易人皆有所斬獲」的錯覺。

另一個原因，在於以網路券商為主，有組織地進行慫恿大眾參與當沖交易或短線交易的宣傳活動所致。

日本的網路券商紛紛毅然決然地加入手續費削價競爭的廝殺戰，以過去的方式做生意已無獲利空間。既然每次交易所產生的利潤少得可憐，就只有靠薄利多銷一途了。交易人的人數持續增加，已成為網路券商做生意的前提。

因此，這些券商以「教育投資人」為名，開設免費的投資課程，教導新手投資人信用交易的機制與技術面投資的基礎。

技術面投資，簡單來說就是從股價走勢圖占卜出未來股價的技法。我不否認廣大世界存在著如此祕教儀式的可能性，但也能夠斬釘截鐵地斷定：

靠走勢圖賺大錢的方法，絕對不會出現在免費的股票投資課程或附近書店便買得到的股票投資入門書中。

出現在各種股票入門書之技術面投資的代表性手法中，有一招叫做「移動平均線」。平均出過去二十天內（關於天數其實眾說紛紜）股價，若這二、三天的股價由下而上通過該平均線則為黃金交叉，並做出「買進」的判斷；反之則為死亡交叉，並做出「賣出」的判斷——果真能夠如此輕而易舉地賺大錢嗎？由於未免太不可思議，我便試著對其有效性進行驗證。

我從網路上蒐集過去的股價數據資料，並配合簡單的程式，對不同的個股在不同的期間進行「移動平均線策略」與「買入持有」（buy and hold）策略（買了股票後放著不管）的比較後，我了解到一個事實。在所有的案例中，移動平均線策略在行情下滑時發揮了效果，但在上漲時卻慘輸給買入持有策略。

其實，要發現這個「真理」，根本沒有做實驗的必要。

移動平均線策略是在死亡交叉（賣出徵兆）時先將股票脫手後，等待黃金交叉（買進徵兆）的出現。也就是說，在不持有股票的期間若股價真的下滑便不會虧損，相反地要是股價上漲，便只能眼睜睜地看著別人吃香喝辣。移動平均線策略就是這麼一回事。

美國有一位好奇心旺盛的學者，將可數值化之技術面投資手法套用在過去的股價數據資料，並頻繁地進行績效評估的測試。測試結果顯示，並不存在任何具統計意義且能夠持續獲利的投資手法，在絕大多數的情況下，技術面投資的績效與亂無章法地進行股票買賣的結果沒什麼兩樣。

參加證券公司所舉辦的投資課程來學習走勢圖的解讀方法後，感覺上不管哪個教學案例都神準命中，似乎練成了這套功夫自己也能呼風喚雨。不過，這等於是先看了答案再回答問題。講師找來完全符合課程訴求的案例，再以看上去像是那麼一回事的說明進行講解。

若所有的投資人都知道穩賺不賠的方法，邏輯上誰都無法利用該方法獲利。理由是，這麼一來世上便完全沒有虧損的投資人。既然是零和遊戲，沒人賠錢，又怎麼會有人賺錢呢？股價日復一日上下波動的事實證明了誰都無法預知未來，想當然爾，從走勢圖預知未來的說法也就不攻自破了。

## 尋找異常現象

理察．丹尼斯（Richard Dennis）是美國的傳奇交易高手，一九七〇年時以僅僅四百美元的資金起家，並一路增值至二億美元的資產。他之所以家喻戶曉，在於即便事業有成仍過著簡單質樸的生活，並毫不吝惜地將其龐大的資產用於慈善捐款與政治獻金（民主黨）。

賴利・威廉斯（Larry Williams）是在日本也頗具知名度的教主級交易高手。他創下「十五年間不曾吞敗」的前所未有的驚人紀錄，並在參加對外公開的交易競賽中，一年內把一萬美元增值至一百萬美元以上，因此被譽為「一百倍之男」。

馬丁・舒華茲（Martin Schwartz）每年都以頂尖的成績在全美交易人錦標賽中拔得頭籌，並獲得「交易冠軍」的稱號。在他所參加的十次錦標賽中，有九次的個人獲利超過其餘所有參賽者的獲利總額。

若股票市場所有的參與者都以理性的方式行動，股票投資便等同於擲骰子之靠運氣決定輸贏的遊戲，誰也無法占對方的便宜。至此，與經濟學家所言雷同。

不過，人類並不總是以理性的方式行動。常勝交易人的存在，表示市場上有一定人數的參與者自願走上虧損之路，或由於心理上的錯覺而採取錯誤行動所致。

我們將原本應該是有效市場，但明顯發生對特定的參與者有利的狀況，稱為異常現象（anomaly）。持續獲勝的參與者並非施了能占卜出未來股價的法術，而是他們深諳以具統計意義的命中率來致勝的方法。

在經濟學中研究上述異常現象的是行為財務學（behavioral finance），因二〇〇二年的諾貝爾經濟學獎頒給研究該領域的學者，而在一夜之間聲名大噪。

比方說，在調查了過去五十年間美國股票市場的數據資料後，可看出從年底到隔年一月止股價有顯著上漲的傾向。原因據說是大量資金在年底分紅時期流入退休基金（pension fund），以及為了節稅而出脫有帳面虧損之股票的投資人，紛紛在新年收假後將股票買回所致。

若觀察一個月的股價變動，會發現月初與月中的上漲率較高。美國不少公司每隔二週支付一次薪資，流向退休基金的提撥資金可能造成股價的上漲。

若觀察一週的股價變動，會發現至一九八〇年代為止，股價明顯在接近週末時上漲，並在隔週的週一大幅下滑。進入九〇年代後，雖然原因不明，但週一股價的上漲率明顯升高。至於一天中的股價變動，早上開盤時與接近下午收盤時，股價上漲的機率明顯較高。

在上述的行為財務學中，因人類的心理或制度上的理由（稅制或發薪日等），股票市場呈現出微妙的傾向。若能有效地利用這些機會，長期來說維持五成以上的勝率絕非不可能的任務。

也就是說，傳說中神機妙算的交易人，從日復一日的工作中，發現了潛藏於市場的扭曲。

## 股票市場的星際大戰

當沖交易人在美國的股票市場粉墨登場時，他們喜歡將自己比喻為《星際大戰》中的人物。由大型證券公司與投資法人執牛耳的華爾街是黑武士的「邪惡帝國」，以高速通訊網路與最新穎的交易技巧為武器的散戶交易人聯軍則勇敢挑戰華爾街的「獨裁政治」。

當時天行者路克與韓蘇洛們最大的敵人是高盛、所羅門兄弟、摩根士丹利等大型投資銀行的交易部門，最肥美的獵物則是投信、退休基金等反應遲鈍的投資法人。到現在仍有不少人懷念當時的熱烈氣氛，原因在於那是他們可能成為「英雄」，而非只是交易人的罕見時代。不過，交易人增加速度之快出乎意料，沒多久新大陸就淪落為成員間相互勾心鬥角的慘淡世界。

當時的當沖交易人都玩些什麼樣的遊戲呢？在此以日本為例說明。

管理投資法人資產的基金當中，有些規定了「不持有股價在一百日圓以下的個股」。這是為了與無法向客戶解釋清楚的爛股劃清界線所立下的規矩，但是在網路泡沫化後的熊市，不少銀行、營建、不動產等類股被大量拋售造成股價下跌至一百多日圓。

也就是說，只要大家同時賣空這些類股使得股價萎縮至二位數，隔天這些基金或投資法人的專員便只能依照規定出脫這些類股。雖然這麼做會造成相當大的虧損，這些專員再怎麼說也只是領薪水的上班族，反正管理的是他人的資產，倒也不痛不癢（因為立下這些規矩的，也不是他們啊）。

這個遊戲其實相當有趣。隔天股價必定百分之百暴跌，只要轉而在低點買進，一來一回便可以賺二次。因股價低，以上班族的零用錢便可進場大顯身手，而且一旦被盯上的個股，漲回先前股價的可能性微乎其微（大家都心知肚明賣了就賺的道理），幾乎沒有虧損的風險。一百萬日圓在一日之間變成二百萬日圓，這樣的故事在當時流傳甚廣。

不過，這些當沖交易人玩得這麼高興，還另有其因。在網路上互通消息並合力追捕獵物，在收盤價跌破一百日圓時那種無比的興奮感！股票市場成為虛擬的戰場，利用偷襲攻勢擊沉一艘艘敵方的航母與戰艦。

讀者們應該已經明白，這其實是線上遊戲的一種。只要知道有後門可走的密技，便能享受穩賺不賠的樂趣，痛快地大幹一票。被當成玩弄對象的企業（銀行、營建、不動產等）老闆們即便對這樣的投機行為忍無可忍，歸咎起來股價的慘跌乃是自食惡果，且金融機構就算瀕臨破產也會得到來自政府，也就是人民納稅血汗錢的紓困。

而管理企業年金的基金蒙受巨大虧損，大家退休後還拿得到年金嗎？唉呀，現在談還太早的事，根本不必去理會。要緊的是，賭博時亮出手裏的牌的，才是真正的笨蛋。而消滅這些笨蛋，是為了大家好——我這才恍然大悟，原來這跟「堀A夢」的理念如出一轍！

不過，令人遺憾的是，不管是什麼樣的異常現象，在傳遍大街小巷後，魔法便立刻失效。「擊沉戰艦遊戲」的參與者們，因為證券公司的交易員大手筆買進股價即將跌破一百日圓的個股，而紛紛陷入恐慌。更諷刺的是，這一回手中的牌被看光光並成為獵物的，竟是這群散戶交易人。

## 就算是如此也要成為當沖交易人嗎？

雖然遭到不少人的誤解，交易卻不只是賺錢的工具而已。股票、期貨的當沖交易是人類所發明的最了不起的賭博，強烈刺激腦部的快樂中樞，有時還會導致比藥物還嚴重的上癮症。

大群的網路投資人為求更進一步的刺激，於虛擬的股票市場四處流竄，在他們所到之處發生了許多悲劇與喜劇。可能是這個緣故，世間的「大人們」對當沖交易人的評價普遍不佳。「要是年輕人都這麼沉迷於股票，日本的未來會變成什麼樣呢？」、「再這樣下去，股票市場都要淪為賭場了！」等，罵聲連連。

想了解為什麼評價不佳的原因，最快的方法便是自己也親身體驗當沖交易的滋味。對股票交易熱中到神魂顛倒的地步，在日本股市開市的週間每天早上九點到下午三點間足不出戶。對於要繼續保有持股還是出脫，就像強迫症似地整天被股價纏住，盯著即時走勢圖不放。若是到了這個地步，這些人已沒辦法過正常的社會生活了。

若當沖交易人還在公司上班，情況只會變得更糟。不管人在何處，無時無刻都忍不住利用手機確認股價。在重要的商務會議中，「股價暴跌，此時此刻已經破產身無分文了」的想法始終在腦海裏打轉。若特地將開會或拜訪客戶的時段安排在午餐時間或下午三點之後，那更是病入膏肓。要是被老闆知道真相，幸運的話是被降職，倒楣的話就直接被炒魷魚了。

背負著這麼大的風險，究竟能獲得多少利益呢？當然，當沖交易人當中有人每年資產增加為二、三倍，那麼一年內資產暴增為十倍的事情也有可能發生吧。不過，在集結世界各路英雄好漢的美國市場中，那樣的奇葩卻寥寥無幾（在日本，投資人的資產運用績效採自行申報制，當中不乏相當令人懷疑的數字。美國有對外公開的交易競賽，且由投資人處募集資金來創設自己的投資基金已是成功方程式，交易人的資產運用績效都攤在陽光下）。

假設一切的努力都是值得的，做為一個當沖交易人每年都能獲取百分之二十的利潤好了。這個數字在專家眼中，也是排得進前百分之十的優異成績。

若你的可運用資產為一千萬日圓，百分之二十的利潤便是二百萬日圓。就散戶投資人的資金來說一千萬日圓並不算少，不過每天早上九點到下午三點守在電腦螢幕前寸步不離，年薪也只有二百萬日圓。要是換算成時薪，比麥當勞的工讀生還不如。

在人事費用高昂程度為世界首屈一指的日本，如果具備比專業交易員更出類拔萃的技能（如果不是，那麼高智商、神準的直覺，甚至超能力也行），為什麼要當個當沖交易人，薪水才那麼一點點？若是到金融機構上班，可能很快就能爬到年薪二、三千萬日圓的位置。

熱中於當沖交易的盡是尼特族的年輕人、家庭主婦或退休的上班族，不是沒有理由。他們不是被剝奪了工作機會，就是完全沒有謀職的打算。因此，就算當沖交易人這份工作再怎麼流行，就業人數也不會大幅成長。

背包客成為當沖交易人也是同樣的道理。像這種逃離社會到第三世界流浪的年輕人，過去只有靠拉皮條或販毒維生。若具備股票交易的才能，不需幹那種見不得人的勾當也能每天過著輕鬆快樂的日子。這是很棒的事，但一般人不會這麼做——因為太不明智了。

從巴里島偶遇的年輕人身上，我學到了這一課。也就是說，當沖交易，其實是一種生活型態。

# 第一章至第三章總結

至此，我們以JCOM男、堀A夢與當沖交易人為主角，對股票市場所發生的怪現象進行了說明。有時表面上看來完全背離現實，但骨子裏皆為常識並有其道理存在。一下子猛然出現期貨交易、信用交易等的金融術語可能讓人不知所措，不過自有我的用意。

在看了網路的股票論壇「靠漲停板來賺一部賓士！」等言論後，以為當中存在著自己所不曾接觸過的神祕世界而掉進投機陷阱的人，可說是絡繹不絕。尤其是過去與賭博無緣，不知人間險惡且凡事認真、循規蹈矩的人最容易上鉤。

這部分的心理，與沉迷於異教，並開始與其他教徒共同生活，甚至接受教主配婚的年輕人有著共通之處。他們並非比其他人要來得特別，而且大家都是從小就完全聽大人話的乖孩子（比方說「宗教是可怕的」、「不要跟奇怪的人來往」）。當他們開始認為「世間好像哪裏不對勁」，並在一些偶然的情況下與異教徒相遇後，從這些看起來純真親切的人口中得知許多自己過去所不知道的東西，接著像開竅似地感到「什麼嘛，原來以前我所聽到的都是一派胡言！」、「我所嚮往的就是這個啊！」，便突然往異教靠攏了。將異教組織貼上邪惡標籤的大人們（媒體、記者等）反而催生出沉迷於異教的年輕人，這等諷刺之事便源自於此。

股票投資也是同樣的道理。因沉迷於股海而導致家庭破碎的人，大多屬於認真鑽研股票專業書籍的類型。此外，便是公司的董事、大企業的高階主管，或以上班族的身分投資股票賺了點錢而過於自信的人。這些人往往因為不願承認自己的失敗，不到賭贏為止絕不罷休而無法自拔。跟股票比起來，有一搭沒一搭地賭賽馬或玩小鋼珠的人，還賺得比較多。

附帶一提，「漲停」、「跌停」是證券交易所為了防止股價劇烈變動所設下的規定，其門檻值視股價而有所不同。比方說，前一日收盤價在三千日圓以上五千日圓以下的個股設定為五百日圓……等。在這個情況下，假設一部賓士轎車的價格為一千萬日圓，若欲在一次的漲停板就賺到一部賓士，最起碼需要一億日圓左右的資金。這麼一來，就能明白網路論壇上「靠漲停板來賺一部賓士！」的言論，其實是騙人的噱頭（為了慫恿其他投資人把錢拿出來的技倆）。即便是事實，想想以一億日圓資金來投資股價劇烈波動的個股所冒的風險，就算用這種方法將賓士車拿到手，也絲毫不值得羨慕。

股票市場充斥著各式各樣的行話，產生了獨特的祕教式氣氛。不過，股票交易再怎麼樣也只是買與賣的單純遊戲，只要了解其根本，便不會感到困惑。不管是有人會空中懸浮，或是誰都能靠股票賺上一億日圓等，為了不被這些言論耍得團團轉，了解現實股票市場中都發生了哪些事，包括信用交易與期貨交易等，便十分重要。

截至目前為止所介紹的，是股票市場中最引人注目的交易世界。參與者為了在「投票給大家所公認的美女」遊戲中勝出，不惜拼了老命，使出渾身解數。為了戰勝對手不擇手段，有時還會因為失控而被抓去吃牢飯。為什麼股票市場會變成如此弱肉強食的叢林，原因在於交易其實是一種零和遊戲，若不想辦法將對手一腳踢開，自己便只有落得身無分文的下場。

不過，這些並非股票投資的王道。為了使資產運用得到績效，你無需淪落為賭徒。在接下來的章節，便可知分曉。

# 第4章

# 股票投資是什麼樣的遊戲？

# 股票到底是怎麼一回事

## 究竟什麼是投資？

所謂股票投資，指的是進行股票票券買賣的交易。只不過傷腦筋的是，股票票券上並沒有標明價格。那麼，股票價格是由誰，以什麼樣的方式決定的呢？

股票到底是什麼？為什麼一張紙會有價值？對這個再簡單不過的疑問而為之語塞的人，著實不在少數。

若對回答「這個我懂啊」的你再問以下的問題呢？

究竟什麼是投資？

在報章雜誌經常可見「妥善運用你的資產」之類的宣傳文字。若能成功地運用資產，不必工作鈔票也會滾滾而來——的確是能挑起這種渴望的好文案。

不管是投資不動產還是股票，一般來說世間普遍認為「投資是不勞而獲」。雖說如此，但金錢原本就不能代替人類每天搭乘搖晃的通勤電車出門上班啊。說投資是不勞而獲，那麼在「勞」的人又是誰呢？他們又是為了什麼而工作？

可能有人會這麼回答，「我知道了，一般公司的社長和員工是為了股東而工作」。這是教科書上照本宣科的答案。「為了股東而工作」的人果真存在嗎？

在我們所生活的自由社會，沒有人會被迫成為奴隸而勞動。不論是什麼人，都被賦予為了自己或家人的幸福而努力工作的權利。既然如此，如果有上班族「為了股東而日夜辛苦工作」，這種話未免令人作嘔。

上市公司的老闆關心股東的利益是理所當然的事。若股價上升，不光是股東，老闆和員工們也會跟著高興起來。不過，這僅止於公司狀況好的時候，就算不引用活力門的例子也知道，無論多麼高唱著重視股東權益，大家最在意的還是自己。為了他人而工作的大善人，在商業的世界裏是不存在的。

在商業的世界本來就是人人為己，那麼為什麼投資人就是「不勞而獲」呢？真的有煉金術能將廢鐵變成黃金嗎？

在莎士比亞的劇作《威尼斯商人》中，描述了潛藏在我們心底深處對放貸人與投資人的偏見。大家都認為自己為了餬口累得半死，但那些人「明明什麼事都沒做鈔票卻自動飛來，真是不可原諒！」。

不過，實際上他們的確是在工作。怎麼說呢？

**投資人的工作，便是忙著虧損。**

這是理解股票投資的第一步。

## 股份有限公司的誕生

我們試著乘坐時光機，回到大航海時代的荷蘭看看。

某天，某個商人發現只要造一艘船，並從新大陸運回香料、絲綢與木棉等交易品來販售，便能夠賺大錢的方法。要是航海並無任何風險，商人便會將私人財產全數投入船舶的建造費。若資金不足，只要向父母、親戚、岳父母等關係親近的人借錢即可。再不夠，那一定是讓船長和船員掏腰包出資了。為什麼這些人願意這麼做呢？因為穩賺不賠嘛。

像這樣保證一定獲利的交易，便沒有第三者加入的餘地。更簡單地說，就是**好處不會有輪到你的時候**。

這一點很重要。世間有不少聽到「一定穩賺的啦」便二話不說掏出錢來的大善人，不過我們立刻就能看穿這其實是一種詐欺。若果真如此，那麼留著自己大賺特賺不就行了。

話說回來，有一天那位商人來到你的面前，邀請你加入出資的行列。原因在於，那個發財夢有風險存在。暴風雨沉船、遭海盜襲擊等會讓投資血本無歸。因此，商人想到了將風險的一部分轉嫁至與自己無關的第三者（也就是你）身上的辦法，並允諾「若船隻平安歸來，便依照出資額度分紅」。

此時，剛好你身邊有點小錢。雖然覺得做點不勞而獲的投資也不錯，但你腦海卻不禁浮現一個疑問：「要是沉船的話到底會虧損多少？」

若虧損與獲利同樣由出資者共同分攤，最壞的情況便可能是破產。這麼一來，你大概會說「這麼恐怖，我實在沒辦法跟進」。於是，商人作了以下的讓步。

「那麼，不管結果是什麼，虧損的分攤最多只到出資額度。你覺得如何？」

這便是股份有限公司的起源。

所謂的股票，指的是將公司（船隻）的所有權拆開來零賣的東西。不過，這個擁有股票的權利還附帶了一個非常大的額外優惠。就算公司倒閉、船隻因暴風雨而遇難，不管發生什麼意外事故，股東沒有必要賠償超過出資額度的金額。

因為有了這個「有限責任」的協議，大家便能放心地購買股票。不管怎麼說，這是個相當誘人的提議，因為「虧損有限但利益無限」（理論上）。

就這樣，只有創意、野心但身無分文的年輕人，也能夠為了事業而籌措資金，啟程航向市場的大海。就算失敗了，還有股東一同分攤虧損。所謂股票市場，就是為了將虧損稀釋、分散的系統。

不過，這裏還隱藏著資本主義的另一個祕密。

比方說你並不把所有財產投入一艘船，而是將資產分為十等份，對十艘船出資。能夠進行像這樣的分散投資，原因在於船隻的所有權以小額的方式拆開零賣。

「這麼一來，就算其中的一、二艘因暴風雨沉船也還不至於走投無路吧」——你總算鬆了一口氣。接著，你大概又會自言自語地說：

「都已經知道可能會賠錢了，你們就給我轟轟烈烈地大幹一票好撈回本吧。」

若船主是這麼打算，船長與船員們也舉雙手贊成：

「反正都把命賭進去了，過個稍微危險的橋又何妨？好好地發上一筆回國後就能舒舒服服過一輩子的大財吧。」

說到股份有限公司時強調的總是「有限責任」，但重點其實在於藉由侷限虧損的程度，眾人以冒險犯難的精神向前衝的概念。就這樣，大航海時代的水手們遠渡重洋，朝向誰都未曾見過的「新大陸」邁進。

經濟學將這樣的冒險稱之為「創新」（innovation）。「股份有限公司」，也就是「資本主義」，正因為是鞭策人們進行創新的機制，科學技術才能夠在短短的四百年間迅速發展，人類的經濟規模也才能爆炸式的擴大。

## 民主主義與資本主義

公司的所有權，是由股東大會上的決議權、利益分配權與資產處分權所構成。

利益分配權與資產處分權很容易理解。假設你持有某公司股份的百分之一，公司的稅後淨利是一億日圓，那麼你拿到的分紅是一億日圓的百分之一，也就是一百萬日圓。或者是公司決定解散，把該付清的債務全數清償後所剩餘的資產為一億日圓，那麼當中的百分之一，也就是一百萬日圓就是屬於你的。以上二者，都是攤在陽光下的會計方式。

相對地，決議權的價值就不太容易理解。

股東大會是公司最高的決議機關，其地位有如國會。若以多數決的方式來反映出股東們的意見，那麼社長與董事的遴選、摧毀公司或進行合併等重大事項，皆可隨心所欲地如願以償。法律上公司是股東的所有物，股東想怎麼做就怎麼做也是理所當然的事。

不過，民主主義與資本主義的規則卻有著些許的不同。民主主義是一人一票，而資本主義卻是一股一票。

微軟的創辦人、世界首富比爾．蓋茲（資產約六百多億美元），與紐約中央車站的遊民，都擁有政治上平等的權利。不過，即便這位遊民無意間拿到一股微軟的股票（約三十多塊美元），與比爾．蓋茲相較之下，身為股東所擁有的權利根本是微生物與恐龍之間的差距——即使大家同樣都是人類。

民主主義不論資產的多寡，以「人人皆生而平等」為方針而成立。另一方面，資本主義則在「持有最多股票的人說話最大聲」的規則下運作。

我們經常聽到「市場與國家的對立」，不過在此並不爭辯孰是孰非。

所謂資本主義，是比賽誰能以最有效的方式賺錢的遊戲。因此，若將「只持有一股的股東也是人啊，在股東大會上應該與比爾．蓋茲平起平坐才對」等的規則體系扯進來，則會讓組織運作亂成一團。大家七嘴八舌，意見分歧，沒辦法進行像樣的企業經營。

要求企業「對社會做出貢獻」也是同樣的道理。所謂股份有限公司，是以賺錢為唯一目的所打造的組織，其社會責任是盡可能地提升獲利並依照規定繳稅，此外無它。其他的事，就交由公益團體與非政府組織來辦就行了。

相對於資本主義，民主主義則是訂定所有關於人們生活的規則，因而不允許以人種、宗教的不同或資產的有無來衡量個人的價值。雖然比爾·蓋茲比遊民擁有更大的影響力，但是身為人類他們是平等的。

## 併購基金的魔法

股東大會的決策以多數決的方式進行。事實上這個單純的規則，對股票的價值帶來莫大的影響。

我們來看看代表決議權的股票。雖然一股只占了股票總數微不足道的一小部分（一般股東），且一股的價值在股權被獨占（公司所有人的大股東）時並不起眼，但在持股數愈接近股票發行總數的百分之五十時，一股的價值愈水漲船高。乍看之下這是很奇怪的現象，因為，每張股票票券不都一模一樣嗎？

以下便是具體的舉例說明。

比方說，假設某公司所發行的股票總數為一百股，反社長派擁有該公司股票的一股。在股東大會上反社長派所占的股權為全體的百分之一，就算再買進二股的股票也只是占了百分之三，對局勢沒有太大的影響力（但可以要求瀏覽帳簿內容）。

剩下的九十九股股票，皆為該公司所有人的社長所擁有。小氣的社長想到以自家公司的股票來代替員工的年終獎金，便對坐領乾薪的五名員工總計配了五股的股票。即便如此，社長的決議權也只從原來的百分之九十九降至百分之九十四，對公司的經營絲毫沒有任何礙手礙腳之處。根據法律規定，持有全體的三分之二，也就是百分之六十六點七以上股權的股東，是呼風喚雨的萬能天神。而年終獎金被股票化的坐領乾薪員工們，則滿肚子「這樣的廢紙，連拿來擦屁股都不配」的抱怨。

某天，因逮到社長外遇而怒氣沖天的社長夫人將持股賣出，結果，反社長派所掌握的股票數增加至四十六股，社長與包括坐領乾薪員工在內的跟班所掌握的股票數，則降為五十四股。在這個瞬間，情況完全改變了。坐領乾薪員工所擁有的五張股票，變得價值連城。

若這五張股票落入反社長派之手，那麼社長所占的股份便降至百分之四十九，在下次的股東大會便會被拉下社長的寶座。既然都要一無所有了，那麼社長可能願意散盡所有財產來拉攏坐領乾薪的員工也說不定。另一方面，反社長派只要將那五股拿到手局勢便可逆轉，也會對坐領乾薪員工們提出不亞於社長所給的好條件吧。

因社長派與反社長派僵持不下的股權戰，坐領乾薪員工們搖身一變成為決定性一票的搶手貨。只要他們持反對意見，不論什麼樣的議題都不會通過。相反地，只要他們站在贊成的一邊，不論什麼樣的提案都能成立。也就是說，僅占全體的百分之五的股票，實質上成功地掌控了整個公司。

最近經常成為熱門話題的併購基金，則是以非常巧妙的手段活用上述的機制。

即便同樣都是股票，股權從百分之一增加至百分之二時，與從百分之十增加至百分之二十的情況，其價值有著天壤之別。只要具備雄厚的資金，如數買進特定公司的股票，便能夠將決議權的附加價值拿到手。若股東結構不穩定的公司被敵對併購者掌握了百分之二十的股票，很快地決策機能便無法正常發揮。活力門在收購日本放送的股票時（譯注：日本放送原本是日本富士電視台的第一大股東，二者皆同屬於富士產經集團，而富士電視台又是富士產經集團的主導企業。為解決因日本放送的總資產規模遠小於富士電視台所導致之諸多不合理的矛盾現象，富士電視台實施公開收購（TOB）欲將日本放送收編為旗下的子公司。此時活力門乘機而入，取得日本放送的大量股權並躍為第一大股東。最後這齣戲以和解落幕），富士電視台就算「誓死抵抗」也很難發揮效果的原因，便不難理解了。

不過，這裏出現了一個小問題。要是有人正在積極收購股票的消息被傳開，股價便會因此而上漲（即便這麼高的價錢都有人肯買，當然股價會漲了）。為了避免這樣的情況，只有暗中進行了。活力門所使用的「盤後交易」手法便是一個典型的例子，除此之外，透過幾個設在海外的基金來收購股票等，遊走於違法邊緣的行為也時有所見。

併購基金以企業治理不穩定的公司為獵物，神不知鬼不覺地暗中收購其股票，並一口氣掌握住決定性一票的位置。他們之所以能夠大賺特賺，便是深知如何利用市場的扭曲，以低廉的代價將原本具有昂貴價值的決議權拿到手。

這裏，還隱藏著另一個股票市場的「魔法」。

# 股價是如何決定的？

## 極致的答案

股價是如何決定的？

其實，這個問題只有一個正確答案。不論你是股票投資的哪個流派、哪種理論的信徒，都會同意的極致解答。那就是：

**股票的價值，是將該公司未來所創造出的所有盈餘換算成現值，所得到的數字。**

這是一個很了不起的定義，一句話就說明了複雜至極的股票世界。不過話說回來，到底了不起在什麼地方呢？

假設你擁有某公司百分之一百的股票，那麼這家公司的盈餘便永遠都會落在你的口袋，因為，這家公司歸你所有嘛。

（一）所謂股票就是企業的所有權。

（二）只要企業存活下去，就會持續產生盈餘（也可能有年度結算為虧損的情況）。

（三）因此，股票的價值便是企業未來所創造出的盈餘總額。

到這裏，都非常容易了解。這麼一來，重點便在於「現值」（present value）是什麼。擺在眼前的一百萬日圓與遙遠未來的一百萬日圓，其價值有所不同，這一點大家都能直覺式地了解。就算做了一百年後會拿到一筆大錢的約定，到了那時人都已經進棺材了，一億日圓或是十億日圓，都沒有太大的意義。也就是說，金錢的價值愈走向未來愈趨減少。

從這一點來看，便能夠了解在股票價值的計算上，單純地將現在的盈餘與未來的盈餘進行加法運算是不行的。為了知道股票的正確價值，必須做一些調整：放大現在的盈餘，縮小未來的盈餘。而調整的比例，則稱為「折現率」（discount rate）。

我們再回頭來看看，由以下二個定義所合成的股價法則：

（一）股票的價值，為企業在未來所創造出的盈餘總額。

（二）這些盈餘，必須以折現率換算成現值。

也就是說要知道股票的價值，所需的資訊就只有二個——未來的盈餘與折現率。明白了以上的道理，也就等於理解了一半的「財務理論」。

## 債券是預估利率的遊戲

具有代表性的金融商品，除了股票之外，還有債券。所謂債券，就是明記例如「借款一百萬日圓，一年後連本帶百分之十的利息全數奉還」之契約的證券。從個人（房屋貸款或小額信貸）到企業（公司債）、地方市民團體（地方債）、特殊法人（政府機關債）、國家（政府公債）等，被廣泛利用在各種借款上。

「金融商品」這個詞聽起來頗深奧，但說穿了只不過分為股票與債券二種而已。

資產負債表（balance sheet）是將企業的財務狀況以「資產」與「資金調度」加以圖示的好方法。所謂的資金調度，簡單說就是籌措本錢的方式，又細分為「負債」與「資本」。而公司，就像是透過負債與資本來籌措事業所需的資金，並將其投入資產的箱子裏以吐出獲利的玩具。此時，以負債為名進行資金調度的便是債券，以資本為名進行資金調度的便是股票。

銀行或郵局存款是金融機構向個人借來的錢，因此也是債券的一種。最近利用「股票選擇權」（賦予員工承購所屬公司股票之權利的制度）的公司也愈來愈多，這是以股票來支付部分人事費用的手段。像這樣，幾乎所有的金融商品都可歸類為股票或債券（或其衍生產物）。唯一稍微與眾不同的是保險商品，指的是保險公司以莊家身分所販售的當萬一遭遇不幸時（生病或受傷等），可領到獎金的彩券。

假設你持有一張本金為十萬日圓，並在十年間每年配息一萬日圓的債券。本金將會在第十年時歸還給你，那麼問題來了——此債券的價值是多少？

十年間所拿到之配息的總和為十萬日圓（一萬日圓的配息×十年），再加上十萬日圓的本金總計為二十萬日圓——這就是債券的價值吧。不過，你已經不會被這樣的技倆所騙。因為，你知道第一年拿到的一萬日圓與第十年拿到的一萬日圓，其價值有所不同。這便是「將未來價值折現至現值」的道理，且方法一點也不難，只要將先前所述的複利概念倒推回來計算即可。

一萬日圓以年利率百分之十的複利進行資產運用，十年後約增加為二萬六千日圓。倒推回來計算，若要在第十年拿到一萬日圓的本息，現在手上必須有多少錢？繁瑣的計算略去不提，答案是三、八五五日圓以年利率百分之十定存，十年後便會成為一萬日圓。因此，在擁有以年利率百分之十進行資產運用的定存時，十年後一萬日圓的現值為不到四千日圓。

如上述所示，現值隨著利率（折現率）而有所不同。比方說若年利率為百分之一，十年後一萬日圓的現值為九、〇五三日圓。若年利率為百分之〇・〇〇一，存進九千九百九十九日圓在十年後才會成為一萬日圓。

從這裏便可了解以下所述：

**現值在折現率愈高的情況下愈便宜，在折現率愈低的情況則愈昂貴。**

這是在決定所有金融商品的價值時最重要的一點，希望讀者務必銘記在心。

你所持有的債券，在十年間每年配息一萬日圓。也就是說，剩餘的九年當中也必須將該年度的配息折現為現值。在此也略去繁瑣的計算，當折現率為百分之十時，可依序得出第一年為九、〇九一日圓、第二年為八、二六四日圓……等的現值。

最後，將第一年到第十年為止之所有配息（一萬日圓）的現值加總後，會得到六一、四四六日圓的數字。十年後將被歸還的十萬日圓本金，其現在價值為三八、五五四日圓。二者相加所得出的十萬日圓，正是以年利率百分之十折現後之此債券的公道價格。

如以上所述，對所有的債券來說，只要折現率確定就能自動計算出其價格。也就是說，所謂的債券投資，是預估利率（折現率）的遊戲。

◆債券價格也大幅受到發行單位信用能力的左右。而對信用能力進行調查並給予等級排名的，便是信用評等機構。比方說，AAA等級到BBB等級為「具被投資資格」，BB等級以下便是「不具被投資資格」等。信用能力在債券市場則反映在利率。假設政府公債的利率為百分之一，而某企業所發行之公司債的利率為百分之三，那麼與政府公債間信用能力的差距百分之二（百分之三減去百分之一），便是風險的部分。

## 股票投資是預估未來盈餘的遊戲

先前曾提到，股票是由決議權與利益分配權（加上資產處分權）所構成。

就算股票的決議權十分重要，對所持有股權並不足以影響企業決策的一般投資人（也就是你我）來說，幾乎一點關係也沒有。因此，姑且可定義為**所謂股票投資就是買賣利益分配權**。

那麼，公司的「利益」又是什麼？其實，這當中還有相當嚴謹的規定。所謂的利益，指的是從公司所賺取的收入（營業額）扣除所有必須支付的費用後還有剩的部分，也就是盈餘。這些必須支付的費用，包括進貨成本、員工的人事費用、應償還的債務與稅款等。若有投資人購買這家公司的債券，當然利息的支付要比股東來得優先才對。

雖然從法律上來說公司為股東所擁有，事實上股東並沒有太大的權力。股東們完全沒有權利開口要求「不付薪水給員工也無所謂，先把錢弄到我口袋裏再說」、「繳稅？那就裝傻，當作沒這回事就好了」。

公司的盈餘不只是在營運上所做的努力，也隨著當時的景氣、人氣商品、競爭對手的動向等種種原因而有所變動。有些年度的營運成果是支付了所有費用後卻沒有留下任何盈餘（也就是說結果為虧損），但也有大發利市的時候。像這樣，能拿多少分紅得等到年度結算時才會揭曉。股東只有撿剩的份。

假設以一股十萬日圓的價格發行一百股股票的公司，一年的盈餘為一百萬日圓。因此每股盈餘為一萬日圓（一百萬日圓÷一百股），其對於投資金額（股價）的利率（孳息率）則為百分之十（一萬日圓÷十萬日圓）——這樣的說法，好像在哪裏聽過。沒錯，這與先前所提的一年附帶百分之十利息的債券非常相似。

其實，若只著眼於利益分配權，股票可以視為一種沒有償還期限且配息金額會變動的一種債券。那麼，若是永無止境持續配息的債券（永久債），價格又是如何決定的呢？

乍看之下好像很複雜，其實倒推回來看，只要確定了分紅與折現率，永久債（＝股票）的價格就能立刻計算出來。也就是：

**股票的理論價格＝每股盈餘÷折現率**

若每股盈餘為一萬日圓且折現率為百分之十，股票的理論價格便為十萬日圓（一萬日圓÷百分之十）。這是利用等比級數和的公式所得出的結果，在此並沒有必要深究其數學原理。股價僅由每股盈餘與折現率二個因素而決定，希望讀者能對這個美呆了的簡單公式驚為天人。

在此對以上所述進行一番整理：

（一）每股盈餘愈多股價愈高，愈少則股價愈低。

（二）折現率愈小股價愈高，折現率愈大則股價愈低。

不過，一般來說在股票投資上，比起折現率，每股盈餘的變動對股價的影響大得多。債券投資是預估利率的遊戲，相對地股票投資則是預估每股盈餘的遊戲。只要明白了這個道理，你便已經是「金融專家」了。

◆這稱為「股利折現模型」（Dividend Discount Model, DDM）。實際上，公司可以將盈餘發放給股東，也可保留下來以進行新事業的投資。因此，目前一般而言皆以每股盈餘（Earnings Per Share, EPS）做為投資判斷的指標。

每股市價除以每股盈餘便是本益比（Price-to-Earning Ratio, PER）。若每股盈餘為十萬日圓，每股市價為一百萬日圓，則本益比為十倍（一百萬日圓÷十萬日圓），這也是利率（孳息率，百分之十）的倒數。本益比經常被拿來做為判斷股價是否偏高或偏低的指標，比方說「美國企業的平均本益比為十五至二十倍，而日本股票市場的平均本益比卻超過二十五倍，很明顯看得出是泡沫」。

這些術語是股票投資的基礎，應大致加以掌握。

# 第5章

# 以股票創造財富的方法

## 「如神仙般一出手便命中」的投資術

### 奧瑪哈的先知

華倫・巴菲特（Warren Buffett）是美國僅次於比爾・蓋茲的超級大富豪，也是全球最受尊崇的投資家。

巴菲特早年於紐約的哥倫比亞大學商學院受教於投資理論先驅班傑明・葛拉漢（Benjamin Graham），一九五六年，二十五歲的巴菲特回到故鄉內布拉斯加州的奧瑪哈（Omaha），向家人朋友籌措資金並開始經營一家小型的投資公司。當時，他個人的出資為一百美元。目前據稱巴菲特的資產大約四百四十億美元（二〇一二年三月的數字），也就是一開始的一百美元經過半個世紀增加為四億四千倍（！）之多。其龐大的資產，都是靠投資累積而來。

巴菲特受歡迎的原因，在於其知性與自然不做作的性格。從度過了青春時期的紐約市回到故鄉後，巴菲特便沒有再離開過奧瑪哈。在遠離華爾街的鄉鎮，憑著一己之力實現了即便是一票「金融專家」也無法望其項背的驚人投資績效。「奧瑪哈的先知」，正是美國人心目中理想的「有點囉嗦，但親切和藹的鄉村富紳老伯」典型。

巴菲特之所以廣受全球投資人熱愛的另一個原因，在於他的投資方法非常簡單。雖然巴菲特本人並不親自執筆寫書，但在他所主持的投資公司波克夏哈薩威（Berkshire Hathaway Inc.）之年度報告書中有他個人的投資論與市場分析，已被該公司股東及忠實粉絲們奉為聖經。

簡單地說，巴菲特的投資法是從財務報表等來推算出企業實質上的價值（理論價值），若目前市價遠小於該理論價值則大量持有該股票，並靜候「市場發覺過去看走眼了」後的股價上揚。一般稱上述的投資法為長期投資法（或稱價值投資法），而巴菲特以少數個股的集中投資見長，所持有的個股數在最多的時候也不超過十家企業。

巴菲特所打的第一場勝仗是在他三十二歲的時候。知名信用卡公司美國運通因生意往來對象的醜聞，股價從六十五美元腰斬至三十五美元。當巴菲特確定這樁醜聞對美國運通的信用卡等主要業務並無影響後，便投入當時運用資產的四成，也就是一千三百萬美元，取得了美國運通將近百分之五的股權。接下來的二年內美國運通股價漲為三倍，脫手後巴菲特因此而獲利二千萬美元。

之後，巴菲特徹底執行個股精選與長期持有，並將其命名為「核心投資法」（Focus Investment）。所持有的少數個股以「巴菲特投資組合」而聞名，而被巴菲特宣稱「永久持有」的個股有華盛頓郵報（報紙）、可口可樂（飲料），以及美國運通（信用卡）、迪士尼（媒體娛樂）、吉列（刮鬍刀）、富國銀行（Wells Fargo，銀行）等以穩健經營而知名的企業。

## 平成年間的點石成金老人

二〇〇三年四月，日經平均股價指數跌破八千日圓，在市場瀰漫著悲觀氣氛時，證券界傳出令人匪夷所思的謠言。有個名字頻繁出現在以中小企業為主的主要股東欄，卻沒有人知道這個散戶投資人是誰。而且在不知不覺間，「竹田和平」成為超過一百家上市公司的大股東。

被稱為「平成年間的點石成金老人」的竹田和平，在二次大戰結束後，與原本是甜點師傅的父親在日本的愛知縣經營起零食點心的製造業，以類似「旺仔小饅頭」的小餅乾等人氣商品發跡。在本業之外，也將部分獲利拿來投資股票。竹田身為因一九九七年金融風暴而破產的山一證券的最大散戶股東，經過那次教訓，他捨棄了過去「大企業一定沒問題」的個股挑選方式，轉而徹底投資市價低於應有股價之個股。

竹田先生的投資法，與巴菲特一樣簡單。說穿了，只不過是對照財務報表，並參考本益比（Price-to-Earning Ratio, PER）與股價淨值比（Price-Book Ratio, PBR）等基本指標，來找出市價被低估、被市場冷落的個股。竹田先生不但不去徵詢證券公司營業員的意見，也不閱讀分析師所整理的報告。

竹田先生最重視的，是財務報表中的股東資本比例、分紅傾向與分紅率這三個項目。若非每年從盈餘中確實對股東分紅後再行累積股東資本（資本額）的「正派公司」，竹田先生是不會理會的。而且，一旦是中意並進而持有的個股，只要該企業的經營方針不變，竹田先生便永遠不會脫手。他將這種極致的長期投資，稱為「員外道」（譯注：竹田先生認為社會福利不應由政府規畫主導，而應由全國各地家財萬貫的「員外」出錢出力，照顧當地的老百姓）。

在投資理論上，不將盈餘對股東分紅而進行再投資的方式，其實較為有利。

企業對股東分紅的原始資金為繳交營業所得稅後的淨利，而個人在領取股票分紅後又會被課稅，很明顯這是雙重課稅，過去以來時常引起爭議，但似乎沒有可行的解決方式（但日本的分紅課稅率已調低）。這是以「因為領取股票分紅的是資產階級，課點稅也沒什麼大不了」之國家的方便為優先。對此，巴菲特認為在企業具有充分投資機會的情況下，將盈餘併入資本而不對股東分紅的做法應是最首要的選項（不過，明明沒有有利可圖的投資機會卻窩藏獲利，便是對股東背信）。

竹田先生的投資法，與兼具理性與知性的巴菲特相比，則是感情用事多了。竹田先生認為分紅是企業領導人對股東心懷感謝的表現，連這點最起碼的禮節都做不到的企業，毫無投資價值（因此每當領到股票分紅，竹田先生都會以親筆信函向企業領導人致意）。

雖說如此，但二者的投資法有許多共通之處。他們都是鎖定企業實質上的價值，投資低於應有股價水準的個股，並藉由長期持股而創造出莫大的財富。這樣的手法，稱為「基本面投資」。

◆參考自《竹田和平的強運學—日本第一的投資家教我們通往成功的七個法則》（東洋經濟新報社出版）。

## 唯實論與唯名論

在中世紀的經院哲學中，唯實論與唯名論展開了針鋒相對的論戰。繼承希臘哲學家柏拉圖的思想，視所有現象的背後均隱藏著本質的便是唯實論；而認為不存在這樣的本質，只存在個體與現象的便是唯名論。將這一組對立概念對應到股票投資，基本面派是唯實論，技術面派則屬唯名論。

技術面投資的大原則，在於「所有的消息都在走勢圖裏」。當下所成立的股價便是一切，除此之外不可能存在有「實質上的價格」之類的東西。對此，基本面派則認為企業具備其獨特的實質價值，並能夠以理性的方式從該價值引導出合理的股價（理論股價）。唯實論與唯名論的對立是形成西方哲學骨幹的大哉問，並延燒到二十世紀末的後現代爭議，至今沒有定論。同樣地，在股票投資的世界裏，基本面派與技術面派之間沒完沒了的爭執，仍為現在進行式。

就像基本面派所主張的，企業實質上的價值可定義為「將企業未來所創造出的所有盈餘換算成現值」。這個說法的確毫無瑕疵。股份有限公司是賺錢的工具，而股票是將股份有限公司的所有權分拆零賣的產物，因此股票的價值便只來自企業的盈餘，並無其他因素介入的餘地。就這個層面來說，以上的定義無懈可擊。

不過，為什麼技術面派唯名論式的詮釋至今仍受到廣大的支持呢？

這是因為預估「未來的盈餘」，與決定「引導出現值的合理折現率」皆非容易之事。我們並不具有預知上述二者的能力，不過在此就未來盈餘的部分繼續說明。

若能得知企業所創造的未來盈餘的總額，便可判斷出股票實質上的價值——技術面派應該也會同意這樣的說法。不過，他們接下來會立刻這樣反駁：

「連明天會發生什麼事都無從得知了，又怎麼能夠預見遙遠的未來？」

對此，基本面派會這麼回答：

「分析企業的財務報表（損益表與資產負債表），熟讀有價證券的年度報告書，調查互為競爭對手的企業，並掌握事業內容與成長的可能性，自然看得出企業實質上的價值。」

實際上，巴菲特的投資法就是這一套。身為證券公司老闆兒子的巴菲特，購買生平第一張股票是在他十一歲的時候，據說那時起他便對於閱讀上市公司厚重的年度報告書樂此不疲。巴菲特勤奮用功的程度驚人，年少時便開始進行的企業研究，至今已持續了超過半個世紀。

## 找出小拳王阿丈或洛基的方法

長期持有個股被視為「投資的正道」，其實存在著非常簡單易懂的理由。

巴菲特流投資的精髓，在於找出擁有高度的獲利能力，但不受市場重視，股價低於應有行情且長期遭到冷落的個股，使其再散發出璀璨的光芒。這與「在孤兒院長大的少年，遇見慧眼識英雄但落魄潦倒的天才教練，兩人一同向世界拳王的寶座挑戰」等大家所熟知的故事有著相似之處。不管在哪個時代，「長期持有優質股票」的投資法總是大受推崇，其背後則是隱藏著能引起人們共鳴的題材。

巴菲特與其擁護者建議長期持有股票最主要的原因在於，他們明白長期來看，正派經營的企業其股價必定會上揚。與人生如出一轍，企業的成長過程中也有一波波的風浪，做了正確選擇的便會獲得最終的勝利。股票投資的真諦，就是買股票的你，陪伴著能夠對股東、消費者的期待有所回應的企業，及備受尊敬的企業領導人共同成長的過程，並且從一般的投資人，逐漸晉升為資產家。

這麼一個美好的故事，也有其理論上的根據。長時間對企業的盈餘與股價的關係進行調查後，會發現雖然股價有時隨著投資人的期待有所震盪，但盈餘最終會趨於收斂的事實。

那麼，如何才能發掘出懷才不遇的小拳王阿丈（譯注：知名漫畫《明日之丈》的主角矢吹丈）或洛基呢？若沒有巴菲特那樣的才能、勤奮不懈或好運氣，是否就沒指望淘出金礦呢？

對於以上的疑問，巴菲特本人則是再三地這麼強調：「不用擔心。我所做的你同樣也能做得到。」他利用每一個機會，毫不吝惜公開自己的投資手法。

研究巴菲特投資哲學的書籍不少，在此介紹本身也是投資人，並與巴菲特有深厚友誼的羅伯特．海格斯壯（Robert G. Hagstrom）所整理的「巴菲特致勝方程式的原則」（節錄自羅伯特．海格斯壯所著《勝券在握》〔*The Warren Buffett Way*〕一書）。

**企業原則**

這家企業是簡單可以了解的嗎？

這家企業的經營歷史是否穩定？

這家企業的長期發展遠景是否看好？

**經營原則**

經營者是否理性？

經營者對股東是否誠實坦白？

經營者是否會盲從其他法人機構的行為？

**財務原則**

重視股東權益報酬率（Return on Equity, ROE），而不是每股盈餘（Earnings Per Share, EPS）。

計算「股東盈餘」（自由現金流量）。

找出毛利率高的企業。

確認每一美元的保留盈餘，至少轉換成一美元的股票市值。

**市場原則**

確定企業實質上的價值。

是否能以大幅低於企業價值的價格買進該個股？

只要實踐以上所列的項目，你也可以像巴菲特一樣理財致富。「正派的生存方式與遠大的夢想」，正是基本面投資最大的魅力所在。

◆「巴菲特致勝方程式」非常簡單明瞭，但「財務原則」比較難理解，在此加以解說。

（一）重視股東權益報酬率，而不是每股盈餘。

將上一年度的盈餘併入資本，當然每股盈餘（Earnings Per Share, EPS）會增加。因此，在評估企業經營者的績效時，必須將焦點放在股東權益報酬率（Return on Equity, ROE），這才是了解企業經營者從股東的投入資本創造出多少東西的最好方法。

（二）計算「股東盈餘」（自由現金流量）。

在了解企業的財務狀況方面，「現金流量」是極重要的一個項目，但淨利加上折舊費用之會計上的現金流量，並不能掌握正確的企業財務狀況。因此應該把重點放在「股東盈餘」（自由現金流量），也就是從企業的淨利與折舊費用合計之會計上的現金流量，再扣除資本支出（投資金額）與營運資金增加的數值。

（三）找出毛利率高的企業。

將營收連結至盈餘的企業，經常進行削減成本的動作。若成本也與營收一同上揚，該企業經營者便是無能。

（四）確認每一美元的保留盈餘，是否至少轉換成一美元的股票市值。

企業在不分紅而將純益轉為保留盈餘的情況下，必須進行相應的有效投資。也就是說，將一美元做為保留盈餘並進行資產運用，股價至少應上漲一美元。若企業經營者無法做到這一點，便沒有資格管理屬於股東的利潤。

## 結果，資本主義是殊途同歸

基本面派（唯實論）與技術面派（唯名論）之間是根本上的對立，乍看之下雙方似乎並無任何意見一致的餘地。不過，經過仔細觀察，會發現二者以微妙的關係連成一氣。

基本面派能夠將低於應有行情並遭到冷落的個股拿到手，是因為大部分的市場參與者並沒有察覺到該企業「本質上的價值」。反過來說，若市場上只有基本面投資人，所有個股的股價都不會低於應有行情，因而投資機會永遠不會到來。像這樣，一旦所有的人都認為基本面派是正確的，基本面投資人便會就此絕種了。

另一方面，技術面投資則是預測市場參與者之期待的遊戲。股價要有所變動，必須仰賴某些重要因素使得期待產生變化。原則上，能夠帶來最大影響的，便只有企業的營收預測了（以及從這裏所得出之本質上的價值）。

像這樣，看起來水火不容的基本面派與技術面派，其實彼此相互依賴。若沒有無視於企業「本質上的價值」而進行股票買賣的技術面派，基本面派的投資便不成立；若股價不隨著企業的營收預測而有所變動，技術面派的遊戲變無從展開。

不過，二者的相似之處還不只於此。

若以「股票投資是碰運氣的遊戲」之事實為前提，所有「穩賺不賠的走勢圖分析」之類的東西便是騙術。同樣地，「必定獲利的長期投資法」也不存在這個世上。巴菲特對「大幅低於企業應有價值的股價」有所堅持，是因為了解到股票投資其實是碰運氣的遊戲。股價愈低，賭贏的機會愈高。這便是在遊戲進行中占上風的唯一方法。

像這樣，不管是頻繁交易者或是長期投資人，在股市中有所斬獲的參與者所做的事都是一樣的。欲創造財富，只有比其他人早一步找出市場的扭曲一途，此外無他。不論是經營事業或投資，都是同樣的道理。

理由何在？因為，這就是資本主義。

## 將資產託付給「如神仙般一出手便命中的人」

「投資之神」巴菲特，總是以「其實你也可以做到像我一樣」這番話來激勵大家。把這番話當成定心丸並欲揚帆航向波濤洶湧的股市大海，但自信仍嫌不夠。此時該如何是好？

若要走投資的正道，便是從財務分析的基礎開始研究，精讀企業的財務報表，並靜候斬釘截鐵地認為「這支股票低於應有行情，就是它了！」的機會到來。不過，這並不容易做到。特別是在股價攀升時，總覺得眾人皆日進斗金，只有自己是分不到半杯羹的可憐蟲。

結果，不管是誰都會認為，最好的辦法就是將資產的運用託付給巴菲特本人。

巴菲特的偉大之處在於，將所主持的投資公司波克夏哈薩威（原本是一家紡織工廠，後來結束紡織事業只留下投資部門）上市，把資產運用的機會開放給所有相信「巴菲特致勝方程式」的投資人。更了不起的是，直至目前為止未曾辜負股東的期望，以遠超過市場平均的資產運用績效，使眾投資人雨露均霑。崇拜巴菲特而決定將所有財產投入波克夏哈薩威的人們，都得到了相當的回報。

不過，「請世界第一的投資家打理資產」這個吸引人的想法，卻夾雜著些許的不安。其一，一九三〇年生的巴菲特距離從企業經營的前線退役的日子也不遠了，總不能一直仰賴巴菲特爺爺打理大家的資產。其二，巴菲特的名氣太大，從獲利能力來看，波克夏哈薩威的股價可以說是高過應有行情。很諷刺地，波克夏哈薩威是只投資股價低於應有行情的巴菲特絕對不會青睞的個股。

因此，一般人會這麼想：

「自己沒辦法打理好資產，那麼只要請專家告訴我們該怎麼做不就行了？」

在某種程度上，這是個相當明智的想法。生病了看醫生；不會自己蓋房子就請土木工人；自己生產電視是不可能的，就在家附近的電器行購買。市場經濟，便是由這樣的分工合作所構成。因此，請教投資專家又有什麼不對呢？

其實在股票投資上，這個方法不怎麼有效。

◆波克夏哈薩威（Berkshire Hathaway Inc.）於紐約證交所上市，股票代碼為「BRK-A」。其績效表現相當出色，若從一九九五年開始投資，十年內資產已增加為四倍。巴菲特不喜歡進行股票分割，二〇一三年十一月時一股約十七萬美元，股價相當高。而將股票拆成小面額的「BRK-B」，也可供散戶投資人選擇。

## 低PQ的人們

金融界充斥著股市名嘴、投資顧問及分析師等「專家」，自稱提供「致富資訊」給投資人。股市名嘴，是靠著出版「以股票致富」的書籍與演講來謀生的「個體戶」。投資顧問，是向投資人收費並給予投資建議。分析師，是任職於金融機構（證券公司等）的上班族，提供投資資訊以服務客戶。以上三者賺取收入的方法不盡相同，但工作內容大同小異。在此，以分析師為例來進行說明。

無庸置疑地，對股票市場而言，分析師是不可或缺的存在。他們熟讀為數龐大的財務報表、專訪企業領導人、拜訪工廠或門市甚至倉庫，運用高深的財務理論，再鄭重地報出「推薦個股」的明牌。拜他們所賜，與上市公司老闆素昧平生並且毫無證券分析專業知識的新手投資人，也能仰賴分析師所言來投資股票。

乍看之下，分析師的工作與巴菲特的投資法非常相似。蒐集企業資訊、進行基本面分析、預估未來的盈餘、計算出實質上的企業價值。也就是說，金融界存在有相當於分析師人數那麼多的巴菲特。這不是很驚人嗎！

不過，不可思議的是，巴菲特本人最討厭的就是那些所謂的「金融專家」。巴菲特隱居於故鄉奧瑪哈而不去華爾街，原因也是不願見到那些身穿高級訂製西服、傲慢得令人不快的分析師。光是想到那些人距離自己半徑一百公尺不到，就會渾身不舒服。

巴菲特不喜歡分析師的原因是，他們總讓投資人虧損——因為他們的預測完全不準確。不準確的原因，在此以經濟學泰斗保羅·薩繆森（Paul Samuelson）巧妙的比喻來進行說明。

就像智力商數（IQ）一樣，假設存在有表示資產運用能力的「績效指數」（PQ）。PQ高的人投資有成，PQ低的人虧損連連。

保羅·薩繆森是這麼說的：

「打個比方來說，投機客要的是一隻狗，用來叫醒負責吹起床號的軍人。要找到這樣的狗著實不易，就算有，光是借也必須花上一大筆錢。」（摘錄自彼得·伯恩斯坦著《投資革命》〔*Capital Ideas*〕，中譯本財訊出版）。

知道哪支股票是穩賺不賠的人（用來叫醒軍人的狗），照理來說他們運用自己的資產並自行操盤才賺得多，若要向他們請益，勢必得付出其獲利以上的代價。ＰＱ高的人ＩＱ也高，應該不會靠提供股票明牌、寫作、演講等不怎麼樣的工作來謀生。也就是說，那些告訴大家「穩賺不賠消息」的人都是低ＰＱ（同時也是低ＩＱ）——二十世紀所誕生的最優秀經濟學家這麼告訴我們。

「金融專家」與醫生等的專業人員不同。醫生治病是提供自己的專業知識使病患重拾健康，以獲得治療費用的報酬。而「金融專家」則四處胡亂發放昂貴的藥物，若照著他們的處方箋服藥，病情還可能更加惡化。

## 販售「安心」的一門生意

雖說如此，但我可沒有像巴菲特或薩繆森那樣的膽子，敢全盤否定分析師。這些分析師當中，也許不乏具備卓越的見識且資產運用績效出眾的人。不過，這裏仍然留下一個令人頭痛的問題：我們有沒有辦法分辨到底哪位分析師說的才是正確的？

對於這個問題，可以用以下的簡單邏輯來說明。

假設存在對未來股價預測神準的分析師，那麼投資人便只會根據該分析師的預測來買賣股票。結果，不是某些特定的投資人寡占了世界上所有的財富（因為一定穩賺不賠），就是誰都分不到一杯羹（因為大家都採取相同的行動）。既然這樣的事情不可能發生，便證明了世上沒有「百分之百料事如神的分析師」的存在。

此外，以上的邏輯也適用於自稱命中率九成的分析師身上。只要是理性的投資人，縱使有一成的虧損機會，若剩下的九成穩賺不賠，也會立刻判斷出聽從這位分析師的預測是有利可圖的。最後，雖然比先前所舉的例子花上更多時間，地球上所有的財富終究不是會被特定的投資人寡占，就是誰也分不到一杯羹。從以上的說明，便能了解到世上也沒有「命中率九成的分析師」的存在。

同樣的道理，將命中率降至百分之八十、百分之七十甚至百分之六十也是相同的結果，而且理論上應該同理可證至百分之五十一為止。股票市場上投資人對行情變動的預測彼此交錯進而買賣成立，是由於分析師所報的明牌時而命中時而槓龜，沒有人知道誰才是對的所致。說來諷刺，正因為這些分析師的預測與閉著眼睛瞎猜的結果不相上下，股票市場才能順利發揮作用（這個道理也適用於從走勢圖推測未來股價的技術面派分析師）。

那麼，報出「推薦個股」明牌的分析師，與自信滿滿地鐵口直斷股市動向的名嘴等，到底是靠什麼謀生呢？當然，他們肩負著股票市場不可或缺的重大使命——那就是，販售「安心」給投資人。

人在從事某種行動時，就算是買雙球鞋之類的芝麻小事，也需要一些理由（像是「一萬日圓不便宜，但因為是最新款，貴也貴得有價值」等）。人類是受理性支配的動物，基因裏預設了不以邏輯上前後不連貫的方式行動的模式（八成是這樣）。

投資股票時，不管是什麼樣的投資人，都會尋找可以讓自己的決定成立的理由。為了使投資人進行股票交易，必須一個接著一個地提供他們下意識裏所需要的「故事」。而這個重責大任，便是由名嘴或分析師們一肩扛起。

## 全是「後勢看漲」與「保持中立」的原因

進行年金等資產運用的投資法人，對分析師所販售的「安心」有著更大的需求。身負資產運用績效責任的基金經理人是領薪水的上班族，若「以個人的判斷而行事」，在不幸遭受巨大損失時便會飯碗不保（就算不被炒魷魚，也會升遷無望）。對這些基金經理人來說，基於詳細的數據資料並以「邏輯的方式」說明投資該個股理由的分析報告，是用來辯解資產運用績效再適當不過的好材料。

金融機構與分析師之間，也存在著一種微妙關係。

假設某企業的股票在市場上以一萬日圓成交，若重量級分析師預測該個股的應有股價水平為二萬日圓並建議「應予買進」，投資人大概會爭先恐後地搶購。相反地，若分析師認為該個股的應有股價水平只有五千日圓並建議「應予脫手」，那麼該股可能會暴跌。不論是以上哪一種情況，證券公司都能向投資人收取交易手續費，進而從中支付薪水給分析師。至此，對雙方來說並無任何不利之處。

問題在於，應有股價水平被低估的公司會因此而氣急敗壞的情況。像活力門這種懂得善用高股價進行併購而成長的公司，對證券公司來說是最不能得罪的衣食父母。照理來說，分析師不會低估這些公司的股價，也不會建議投資人出脫這些企業的股票。

這麼一來，分析師的投資判斷便都是「後勢看漲」與「保持中立」了。對於主管所施加「這一次看起來會有不少進帳，一切都拜託你了」之類充滿暗示的壓力，因「這下該如何是好？但房貸又這麼沉重」而需要大筆年終獎金的分析師，做出的是「應予買進」的建議；認為「就算如此，也不能推薦這種爛股」而不願昧著良心的分析師，則會做出「保持中立」的建議。不過，很快地便會接到來自企業的財務長「保持中立的意思就是要大家脫手吧」的挖苦諷刺，堅守良心其實也不是件容易的事。

基於以上種種原因，投資市場的眾分析師對活力門的問題只有沉默以對。若是真的沒有察覺到這種像是騙小孩的財報美化技倆，便是向世人承認自己的無能；若明知股價操作卻仍建議投資人買進，便會因助長犯罪而受到懲罰。於是，能走的路只有一條——縮頭縮尾地等待暴風雨結束而已。

## 成為股市名嘴的方法

既然股市名嘴或投資顧問的預測不怎麼準，為什麼他們還能以此維生呢？這是因為，找個差不多的個股，塘塞個理由並推薦給投資人，也有一半會命中。

懂得推銷自己的名嘴，大力吹捧著碰巧矇對某支股票的「神機妙算」（例如「你看吧，活力門的股價漲了十倍。只要當初相信我說的，你現在不就已經是億萬富翁了嗎？」）。當然，對槓龜的情形更是視而不見（例如「投資是自己對自己負責，不是嗎？」）。

若是層次再高一點的作戰策略，說些相當極端、或與大多數人的預測相反的東西也相當有搞頭。比方說日經平均股價指數暴跌，市場參與者皆不看好行情走勢時，極力宣稱「經濟的基本面並沒有改變，股價在幾個月後應該會谷底反彈」。若碰巧行情走勢果然上揚，便四處宣揚「只有我算得準」。即使預測完全不準確也沒有人會在意，因為很快便會被眾人淡忘。

或者是，發表「日本經濟將在二〇XX年垮台」、「因存款帳戶凍結，放在銀行的錢拿不回來」等發生的可能性微乎其微的預測，不過一旦成真便會是萬劫不復的大災難。從「諾斯特拉達姆士（Michel de Nostredame）的預言」在世界廣為流傳一事便可得知，人類具有向毀滅飛蛾撲火的強烈傾向（若是佛洛伊德，大概會將其稱為「死亡本能」〔Thanatos〕＝對死亡的慾望）。若預言成真，一生都會被奉為「神算」而推崇。要是預言落空，既然沒發生什麼壞事，也不會釀成大錯。因此，最後所得出的便是「不做白不做」的簡單結論。

以上所說的之所以能夠成立，是因為對過去幾年股市名嘴所做的預測進行追蹤的八卦王少之又少。不過，美國倒是有不懷好意的經濟學家，對各個投資服務所提供的市場預測進行徹底的追蹤。不出所料，其結果慘不忍睹。若是聽從「金融專家」所言來買賣股票，不只是被證券公司強取可觀的手續費，資產運用績效還比不上以猴子射飛鏢的方式來選股。股票會被套牢，大概是來自於輕信明牌的影響吧。

話說回來，世上並非不曾存在準確預測某項事物的機構。當中最具知名度的，便是Value Line, Inc。在費雪．布萊克（Fischer Black，推導出計算金融衍生商品定價之經典方程式的經濟學家）的詳細研究中，也指出長期來看該投資顧問公司的行情預測成效均高於同業。

Value Line的座右銘便是「不隨行情走勢起舞」，無視於金融界分析師的三心兩意，沒有特別的理由絕不更改預測。很諷刺地，不受雜音干擾並長期持有自己所堅信的個股的巴菲特投資法，其正確性也再度得到佐證。

# 第6章

# 經濟學上最正確的投資法

## 速攻世上最簡單易懂的財務理論

### 青年馬可維茲

接下來要介紹的，便是財務理論核心的現代投資組合理論（Modern Portfolio Theory, MPT）。

這個理論告訴我們經濟學上最正確的投資法，並具有二個明顯的特徵，那就是：

①理解箇中道理相當困難（至少需要機率與統計的基礎知識）。

②要實踐「經濟學上最正確的投資法」相當容易。

因此，若跳過①而只對②進行說明，理論的介紹便瞬間宣告完畢。

**請務必投資指數型基金。**

說完了。不過，就這麼結束也未免太不負責任，所以在此完全不使用複雜的數學公式，來簡單地對理論進行說明。

只要是賭徒，都知道風險（risk）與報酬（return）之間具有密切的關係。若要以輪盤大賺一筆，賭奇數偶數並無意義。若不以單一（straight-up，只選擇一個數字）或分拆（split，選擇相鄰的二個數字）的方式進行投注，獲得獎金的機率不會提高。命中率愈低，獲利的程度便愈大。這就是掌控所有賭博項目之「風險與報酬的定律」。

距今半世紀以前的一九五二年，當時還是芝加哥大學研究生的青年哈利．馬可維茲（Harry Markowitz），正苦於遲遲未能決定博士論文的題目。某天，當他在研究室的走廊等著與指導教授面談時，有個素昧平生的紳士主動向他攀談。那位紳士聽了馬可維茲的煩惱後，建議他「不如就進行股票市場的研究吧」。後來，馬可維茲以這個研究獲得了諾貝爾經濟學獎的殊榮。而那位紳士，其實是個前來說服教授購買股票的股市掮客。

青年馬可維茲的第一個想法是，像輪盤般的風險與報酬關係，可能也存在於股票投資。如果這是真的，股價的變動也許可以利用數學的方式記錄。這麼做應該可行……。

不過為了落實這個想法，必須建立「股票市場受什麼樣的定律所掌控」的假說。股價每天上下變動，而當中卻沒有像輪盤一般簡單明瞭的規則。

唯一可以確定的是，沒有人能夠預知何時哪支股票會上漲（或下跌）。這麼一來，說不定股票其實是隨機命中的遊戲？那麼，也許機率論或統計學的方法可以派上用場。這便是青年馬可維茲的第二個想法。

若將花粉灑在水面，其微粒子透過水分子毫無規律的移動，會隨著時間經過而擴散開來。這便是十九世紀初英國植物學家勞伯．布朗（Robert Brown）發現，並在二十世紀初由愛因斯坦（Albert Einstein）解開其謎團的「布朗運動」。花粉微粒子的移動完全不具規則性，因此無論利用什麼方法都無法預知下一刻會往何處前進。不過，卻能夠以數學的方式，定義出在機率上會落在哪個範圍內。

青年馬可維茲認為，股票市場的股價動向也應該與布朗運動雷同才對。

## 頭蓋骨底下真的裝著腦子嗎？

水分子在零度以下幾乎呈靜止狀態，加熱後分子運動逐漸變得活潑，在一百度會變成蒸氣並發散至大氣中。要判別出落在冰上的花粉微粒的位置，可說是易如反掌。但隨著溫度上升，水分子的運動更為劇烈，預測也更加困難。這就是財務理論中所說的「風險」。

所謂風險指的不光是「虧損的可能性」，也是指可以用數學的方式表示可預測性的程度。冰上的花粉風險低，沸騰熱水中的花粉風險高。理由在於，前者的可預測性高，後者的可預測性非常低。

從以上的說明，可以了解到隨機運動中風險與報酬為一對一的關係。若將花粉的動向想像為股價，只要不具風險（在冰上），不賺錢但也不會虧損。若風險極高（在沸騰的熱水中）便無法預測出到底會往哪裏移動，有可能賺取驚人的獲利，也可能遭受鉅額的虧損。也就是說，**風險代表著「虧損的可能性」的同時，也是「獲利的可能性」**。

這是財務理論中最關鍵的部分，因此再強調一次。「我不想在投資上承擔風險」，其意義等同於「我賺不到錢也無所謂」。「我想一次便正中紅心大撈一筆」，便意味著「我可是下了很大的賭注喔！」。光是了解這一點，便不會問出「有保證回本並有賺頭的金融商品嗎」的愚蠢問題，而被人懷疑**「這個人，頭蓋骨底下真的裝著腦子嗎？」**。

在統計學上，將這個風險稱為「分散度」（離散的程度，dispersion）。比方說銀行存款，是在已決定好的期間支付已決定好的利息，因此分散度極小（風險低）。相對地，股票具有暴漲與暴跌的可能性，因此分散度大（風險高）。像這樣以分散度的大小來將金融商品一字排開，可以很清楚地區分出高風險群為股票與期貨，中風險群為基金，低風險群為債券與存款。

不過，光是這個「分散度＝風險」的概念，還無法完整地解釋股票市場。股價走勢圖明明呈現清楚的往右上或右下走勢，但花粉的微粒子隨機移動時只是在同一個範圍內來來去去而已。也就是說，股價在隨機變動的同時，還會呈現不是往正就是往負的方向移動的傾向。

財務理論將這種傾向稱為「預期報酬」（expected return）。預期報酬為正，股價在反覆隨機上下變動的同時逐漸上漲。相反地，若預期報酬為負，就算偶爾有上漲的時候，長期來看股價呈現下滑的趨勢。

股票的預期報酬（傾向）與風險（分散度），可以從過去的數據資料取得。只要掌握這二項資訊，就能夠以數學的方式記錄隨機變動的股價，並在相同的基準下對不同的股票進行比較。這便是青年馬可維茲獨樹一格的見解。

◆連專家都有可能誤解。所謂「高風險、高報酬」的報酬（利益）與「預期報酬」的報酬（傾向）是完全不同的東西。即使是高風險（價格變動激烈），若預期報酬為負，則收益驟減而無法達成高報酬。

## 風險有如波浪起伏

「每一支股票的股價變動都可以用預期報酬與風險來說明。那麼，將許多個股進行組合後會產生什麼樣的結果？」

這便是青年馬可維茲接下來的疑問。在此，他發現了風險非常有趣的特性。

所謂風險，打個比方來說就有如波浪起伏。強度完全相同的波浪以相反的方向互相碰撞，雙方的力道會彼此抵銷，水面回復平靜。同樣的道理，若持有動向完全相反的股票，伴隨著股價變動，虧損也跟著化為烏有。即使在這個情況下，預期報酬並不會消失無蹤，因此能夠將「零風險而且獲利」的夢幻世界付諸實現（數學上來說，「分散度」與「傾向」是兩回事）。

就算這個夢幻般的世界有違現實，但只要持有動向稍微相異的股票，便可透過風險互相抵銷的效果，只降低虧損的可能性。以數學的方式證明自古以來便廣為人知的「分散投資」，正是青年馬可維茲的重大發現。

只要握有過去的股價數據資料，便可輕易地計算出個股的風險（分散度）與預期報酬

（傾向）。只要對各支股票的股價動向進行比較，便能夠了解其中的相異之處（相關性）。而綜合以上所有資訊來計算出整體的動向（共變異數，covariance），也不是不可能的任務了。總而言之，不管買進什麼個股，都能夠以數學的方式表示出可得到最低風險與最高報酬的最佳投資組合（portfolio）。

在電腦尚未問世的五、六十年前，對於上述數量龐大到令人昏厥的計算作業，青年馬可維茲幾乎是以徒手的方式進行。很幸運地，生於現代的我們可利用試算表軟體來驗證馬可維茲的理論，並進一步對自己的投資組合進行最佳化。實際上的試算相當有趣，但礙於篇幅只好割愛。即便省略了這部分數學的說明，也能夠充分實踐「經濟學上最正確的投資法」。

## 發現有效的投資組合

電力類股的風險低，像軟體銀行之類的ＩＴ類股風險高。在統計學上，比起將所有財產投入其中之一，同時持有電力與ＩＴ類股較可獲得低風險高報酬的效果——這便是馬可維茲注意到的現象。

雖說如此，對風險與報酬進行比較後的最佳投資組合不會只有一種。根據風險承擔的程度，可獲得更高報酬之最佳投資組合（股票或債券等金融商品的組合）也應該有所不同。

有本錢承擔風險的年輕投資人，可嘗試將重心放在ＩＴ類股上之高風險、高報酬的投資組合。靠著退休金或年金生活的人，將重心移往電力類股之低風險、低報酬的投資組合即可。這麼一來，便能夠直覺地了解其中的道理（至今證券公司的營業員仍以這一套說法來說服客戶）。

不過，曾在耶魯大學教授經濟學的詹姆士．托賓（James Tobin，一九八一年諾貝爾經濟學獎得主）語出驚人：「不管是年輕人也好，老年人也罷，無關於投資人的年齡或喜好，大家都採用相同的個股持有比例即可。」

托賓的獨到見解是，他認為投資組合不是只由股票所構成，而是由政府公債等風險低的金融商品與股票的投資組合所構成。

不願承擔風險的投資人，應該將所有的資產投入於政府公債（或銀行存款），而非低風險的股票投資組合。以高報酬（高風險）為目標的投資人，將所有的資產投入股票投資組合就沒錯。也就是說，將無風險資產（政府公債）與股票投資組合進行搭配，便能夠決定出對任何人來說都是最佳化的資產運用組合。這就是所謂的「有效的投資組合」。

根據托賓的說法，理性的投資人會採取以下的行動：

①低風險、低報酬的投資人：將所有資產投入於政府公債。
②中等風險、中等報酬的投資人：將所有資產投入於政府公債與股票投資組合的搭配。
③高風險、高報酬的投資人：將所有資產投入於股票投資組合。
④超高風險、超高報酬的投資人：以融資的方式進行股票投資組合的投資。

這便是資產運用上「哥白尼式的轉變」（Kopernikanische Wende）。投資人應該做的不是東抓一支西抓一支個股來進行組合，而是依照個人所能容忍的風險程度，來決定政府公債（或存款）與股票投資組合所占的比例。

長年以來，托賓的理論遭到華爾街的否定。理由是，為客戶量身訂做投資組合這項傳統的投資顧問工作，會因此而關門大吉。

## 財務理論的終點

金融界無視於財務理論最主要的原因，在於其為紙上談兵，實際上毫無幫助。在沒有高速電腦的年代，計算由一百或二百支個股所構成之大規模投資組合的分散度與共變異數，需要相當多的成本與時間。再加上股價每天變動，做為判斷基準的數據資料也不停地在改變。因此，他們以「有學者在胡說八道，而且跟我們一點關係也沒有」一語帶過了事。

對此，透過威廉．夏普（William Forsyth Sharpe，一九九〇年諾貝爾經濟學獎得主）所提倡的「資本資產定價模型」（Capital Asset Pricing Model, CAPM），始於青年馬可維茲的現代投資組合理論，終於抵達旅程的終點。威廉．夏普想到了將單一個股與整體市場動向進行銜接的方法。

綜觀每天的股票市場，就能了解到單一個股的走勢深受整體市場動向的影響。若日經平均股價指數上揚，多數個股的股價便呈現上漲的趨勢；相反地日經平均股價指數下滑，多數個股的股價便呈現下跌的趨勢。但進一步觀察後，會發現根據個股的不同，股價波動方式也不同。比方說科技類股非常容易受到平均股價指數變動的影響，股價因而呈現大幅度的波動。另一方面，電力類股多半不隨平均股價指數起舞，股價波動因而呈現較為穩定的狀態。威廉．夏普將股價對整體市場變動的感應度，稱為「Beta係數」。

簡單地歸納出威廉．夏普的理論如下所示：

某個股的股價波動，可分為①該個股獨自的波動（Alpha係數）、②感應於市場動向的波動（Beta係數）、與③無可預測的事件三類。而藉由擁有好幾支個股，可以將第③項的非市場風險，也就是「統計上的不可預測性」抵銷。

這麼一來，投資組合的股價波動，便由①單獨個股的波動，也就是Alpha係數與②市場感應度，也就是Beta係數，這二項因素所決定。此時，Alpha的數值為一定（數學上來說便是X軸的截距，在此省略詳細說明），而投資組合的報酬最終取決於Beta值的大小。這就是席捲財務分析領域的「Beta革命」。

CAPM理論了不起的地方，在於將不規則變動的股票期望投資報酬率，分解為Alpha與Beta僅僅二個係數的組合。不只是如此，威廉·夏普更從中引導出令人大吃一驚的結論：「若CAPM理論正確無誤，世上便只有一種有效的投資組合。那就是股票市場的縮小複製圖。」

這就是財務理論最後抵達的終點。

## 經濟學上最正確的投資法

以數學的方式分析股票市場的財務理論，其骨幹是馬可維茲所建立的「股價如布朗運動般不規則地變動」的假說。市場上的股價波動只能以機率的方式預測，因此股票投資便是碰運氣的遊戲，但市場參與者中誰都無法使自己處於優勢。這便是「效率市場假說」（efficient market hypothesis），在這個情況下，所有理性的投資人都應該持有基於相同的消息、相同的判別基準、相同的決策方式所得出之相同的投資組合。就像若大家走的都是同一條路，抵達的也是同一個終點一般，世上的有效投資組合只有一種。

威廉．夏普進一步指出，若以上所述的前提為真，以下單純的三段式邏輯便得以成立：

①若對所有投資人持有的投資組合進行合計，便為市場上所有個股的市價總值（理所當然地，除了投資人以外沒有人會持有股票）。

②所有的理性投資人在效率市場中，皆持有相同的投資組合。

③這麼一來，投資人持有之最有效的投資組合，便是將市場上所有的個股以存在於市場

上的比例所構成的組合。

感覺上像是一休和尚機智慧黠的答題論調。根據以上的三段式邏輯，威廉．夏普所得出的結論為，股票市場本身便是唯一且絕對有效的投資組合。

不過，到底該怎麼做才能「投資股票市場本身」呢？

其實方法相當簡單。

市面上有所謂的指數型基金，也就是價格直接與平均股價指數（比方說東證股票價格指數，也就是在東京證交所第一部上市的以所有日本企業為對象的市價總值型股價指數，簡稱TOPIX）連動的基金。指數型基金根據市價總值來持有股票市場中的所有個股，正是股票市場的縮小複製圖。

財務理論孕育出多位諾貝爾獎得主。幾經迂迴波折，君臨財務理論頂點之「經濟學上最正確的投資法」總算出爐了。那便是踩著夾腳拖晃到住家附近的證券公司，告訴櫃檯「不好意思，我要購買十萬日圓的指數型基金」。

## 經濟學家與華爾街的戰爭

### 對「效率市場假說」的反擊

「經濟學上最正確的投資法」最了不起的地方，便是連小學生也可如法炮製。這個時代小孩子也能開設證券帳戶，只要以壓歲錢購買指數型基金進行投資即可（投資金額從一萬日圓起跳）。

再者，也沒有必要對理論有所了解。因為：

「諾貝爾獎得主的一流經濟學家們都異口同聲這麼說了，難道還有可能出錯嗎？」

聽起來像是人云亦云，不過這個態度倒也沒錯。買電視時沒有人會去全盤了解液晶顯像技術，而是以「世界的索尼」或「液晶就要選擇夏普」等的口碑（品牌力）來決定，就沒有大問題。不需多費唇舌，諾貝爾獎便是經濟學最高榮譽的品牌。

當然，也有頑固的人無法接受這樣的說法。在這個情況下，只要拿著財務理論的入門書籍，以試算表軟體對過去的股價數據資料進行統計分析，便可自行驗證從馬可維茲至威廉・

夏普的所有理論（我是個不追根究柢絕不罷休的人，因此花了一個月進行理論驗證的工作）。只要一開始接受「效率市場假說」的前提，便應該能了解，直到得出「令人震驚的結論」為止，其實是經過數學上無懈可擊的證明（正因此他們才成為諾貝爾獎的得主）。

對於財務理論的出現，最傷腦筋的便是在華爾街工作的金融界人士了。若所有的投資人只要購買指數型基金即可高枕無憂，便意味著「這些金融界人士過去都是騙吃騙喝的嗎？」，而面臨「有待驗明正身」的重大危機。不光是如此，還會深陷裁員風暴，前一天還領著高薪，隔天卻淪為無業遊民。

就算不願見到財務理論的出現，對「經濟學上最正確」的投資理論進行反駁也不是件簡單的事。因此華爾街集中火力，將所擁有的武器彈藥全數投入於攻擊財務理論的前提，也就是「效率市場假說」：

「市場是有效率的？所有的投資人，都能夠在第一時間拿到關於所有個股的任何消息嗎？不可能吧。所以說，那些不懂得現場實際狀況的教授們就少開金口吧。」

## 老頑固與故障的錄放音機

關於市場是否有效率的爭論，從財務理論出爐的一九八〇年代起便延燒至今，經過了三十年仍未見結論出現。兩造當事人為了捍衛自己的立場皆使出渾身解數，在一旁看熱鬧的我卻覺得有點可笑。

「效率市場派」的經濟學家，以及巴菲特、喬治．索羅斯與賴利．威廉斯等金融市場的意見領袖，皆以「股票與彩券中獎沒什麼兩樣」一句話來收拾對方，就好像某個國家的老頑固政治家一樣。相對地，「反效率市場派」的說詞總是同一套，簡直就像故障的錄放音機。「我賺了這麼多」、「那個人賺得更多」——好啦好啦，你們都很會賺錢。

反效率市場派與效率市場派的爭論，大致來說以下述你來我往的方式展開。

**反：**「效率市場假說根本就是一派胡言。我所拿出的一年內資產加倍的績效，不就是最好的證明嗎？」

**效：**「這根本證明不了什麼。所謂效率市場並不是說誰都賺不了錢。就算你不小心碰巧賺了不少，跟有人可以猜拳連贏十次一樣，在統計上來看也不是什麼太稀奇的事。下賭的成績最後還是會回歸至平均值，因此沒辦法對下年度的績效有所期待。」

反：「那麼你們要如何解釋像賴利．威廉斯之類的常勝交易人？若市場是有效率的，『十五年來不曾吞敗』這種事根本就不可能發生啊。」

效：「我並沒有刻板到否定優秀交易人的存在。相反地，因為有像賴利．威廉斯那樣出類拔萃的交易人，市場才變得有效率。不管什麼樣的市場扭曲，都會在很短的時間內消失得無影無蹤。因此，在養分被賴利．威廉斯吸得一乾二淨的貧瘠土地上，也會長出雜草。」

反：「那麼巴菲特爺爺又是怎麼一回事？為什麼能在連雜草都長不出來的市場，建構了四百四十億美元的龐大資產？」

效：「那是因為巴菲特並非投資人，而是成功的企業家。巴菲特的資產不是多半都屬於他所經營的投資公司嗎？只是一句『這支股票巴菲特有買』，大夥兒便爭相搶購，股價也隨之上漲。這正是投資消息瞬間傳開的效率市場本身啊！」

接著，經濟學家緩緩地拔出祖傳寶劍。

「若市場並非有效率，那就把基金操作的績效拿來作比較啊！身為金融專家的基金經理人在消息面、資金面上比散戶投資人要來得神通廣大並有利得多，既然如此，投資績效應該高於市場平均值才對啊！」

寶劍一亮，反效率市場派先前的氣燄全沒了。基金操作的績效迄今已受到無數次的評價考核，而結果是，集結了金融界金頭腦的基金經理人們花費心血所操盤的主動型基金（active fund）中，有六、七成竟無法拿出高於市場平均值的成績。這個殘酷的事實一再重演，並赤裸裸地攤在陽光下（不光是美國，日本的基金也是如此）。

若反覆拋擲一萬次的硬幣，出現正面與反面的次數便各占一半。同樣地，若市場是有效率的，無論基金經理人的能力如何，持有大量個股之投資組合的平均操作績效，應與市場平均值一致才對。若果真如此，便意味著主動型基金以人事費用的差距輸給指數型基金，就是理所當然的了。

這是相當傷腦筋的狀況。若主動型基金失去存在的意義，那麼基金經理人、分析師，甚至是金融界不就是多餘的嗎？

## 真的沒問題嗎，諾貝爾獎？

在美國主場像是掐住反效率市場派喉嚨的「經濟學上最正確的投資法」，在日本並不普遍。並不是因為日本的投資人跟不上時代（雖然有不少人這麼認為），從過去的例子來看，在日本當地，投資人以經濟學上正確的方式進行投資，便會蒙受莫大的虧損。

徹底追究財務理論，可還原出以下的二項原則：

①因市場是有效率的，且股票投資是碰運氣的遊戲，長期來看誰都無法拿出高於市場平均值的成績（要是手腳不夠俐落，還會被吃掉手續費，造成更多的損失）。

②長時間來看，股票市場會擴大且股價上漲。

也就是說，股票市場就像是隨著時間的過去，中獎籤會愈多的彩券。彩券的中獎號碼完全以隨機的方式決定，花了大把鈔票換來謊言連篇的「中籤必勝法」，或專程到傳說中經常賣出中獎籤的彩券行，都只是白忙一場。中獎率隨著時間過去而增加，因此最聰明的行動，便是買進後永不脫手。

此時最常被引用的例子，便是一九二九年的華爾街股市大崩盤。據說許多散戶投資人因此而破產、失去家園、跳樓自殺，但其實就算在股市狂洩前的最高點買進股票，在四分之一世紀之後的一九五〇年代中期，虧損就會消失，接著便是苦盡甘來的大賺特賺。若能夠進行長期投資，世界大恐慌也沒什麼好怕的，原因在於，有史以來人類的經濟規模一直在持續擴大當中。

原來如此，這倒是很有說服力，果然諾貝爾獎的層次與眾不同。既然如此，那就來看看日經平均股價指數的走勢圖。

在日本泡沫經濟巔峰的一九八九年，日經二二五平均股價指數來到最高點的三萬九千日圓。經過二十世紀末的網路泡沫，到了二〇〇三年四月狂跌至不到五分之一的七千六百日圓。二〇〇六年二月曾因股價指數再度站上一萬六千日圓左右，而引起「泡沫再起」的大騷動。當時就有人說：

「歷史性的泡沫經濟崩潰至今已經十七年了，再過八年就是二十五年。也就是說二〇一四年日經平均股價指數會突破四萬日圓大關，泡沫經濟時投資股票的人終將苦盡甘來，鴻運當頭！」（編按：截至二〇一三年下半年，日經平均股價指數仍在一萬多日圓盤旋。）

且慢。這真的沒問題嗎，諾貝爾獎得主們？

當然有問題。股票投資是碰運氣的遊戲，誰都無法預測未來的股價。「即便如此也請放寬心」，經濟學家們大概會這麼說。

「平均股價指數總有一天會超過四萬日圓，這是不會錯的。只不過是五十年後還是一百年後，就不知道了。」

喂！五十年後或一百年後，大家早就歸西了吧。經濟學上正確的投資法，結果並不是那麼派得上用場。

就這樣，「反效率市場派」的氣燄又回來了。

「財富就是要在活著的時候用的。既然經濟學上正確的投資法不能保證做到這一點，那只有另尋別的出路。對了，這個基金怎麼樣？好像很有賺頭喔！」

嗯，到底哪一派才是對的呢？

## 投資全球市場

在美國股市進行長期投資可以獲得回報。不過，日本股市在泡沫經濟崩潰二十餘年後，仍看不出有獲得回報的跡象。所以說，美國是經濟學上正確的股票市場，而日本不是——有不少人這麼認為。也許是如此，也可能另有其因。不過，以上的爭論有什麼意義呢？對於發不了財的理由穿鑿附會，也只是空談罷了。

再一次回到投資的基礎來看看。

包括「金融專家」在內的不少人都誤會了，但「長期投資並無風險」的說法其實毫無根據。所謂風險指的是可預測性。這麼一來，「長期投資並無風險」便意味著「遙遠的未來反而容易預測」。有這種事嗎？

十歲的小孩也知道，大致上可預測出明天會發生哪些事。起床、吃早餐、上學去……等等。不過，三十年後的自己會變得如何？統計上來看可能性最高的便是過著平凡的上班族生活，若是成功了，就變成人人稱羨的「上市公司新貴」。正因為預測長遠的未來極不容易，眾人才抱持著「夢想」而努力。

照這個邏輯來思考，便能夠理解「愈是長期投資，風險愈大」的道理了。風險是報酬的泉源，正因為風險高，才能夠創造出莫大的財富。

不過，故事並不是就此結束。

所謂股份有限公司，指的是從金融市場調度資金，雇用員工，購買土地、工廠、設備等資本財，買進原料，利用創意、研發能力與品牌力，進而產生大於所投入資金的「裝置」。這個裝置就好比魔法小豬撲滿，在小豬背上投下一百日圓，便會從嘴巴吐出一百二十日圓。不過，這個小豬撲滿有時會故障，投進去的錢一去不回……。

若這個裝置正常運作，財富便會以複利的方式增加。而中獎籤的籤數一路增加的狀態，便稱為「預期報酬為正」（長期來看股價往右上攀升的趨勢）。相反地，若這個裝置出了某些問題，導致拿回的比投入資金少了許多（預期報酬為負），財富便一路急速縮水。也就是說，**長期投資只在「預期報酬為正」時，方可創造出莫大的財富**。

有人認為「股票只要長期持有，便一定會上漲」，若企業領導人無能，只是揮霍從市場調度來的資金，那麼財富便會日趨減少。同樣的道理，若投資煤礦等結構上呈現衰退的業種，隨著時間經過虧損也會日益擴大。以上三者皆因「預期報酬為負」所致。在這樣的情況下，長期投資的風險因負面效果出現而增大，資產加速縮水。

不光是個別的企業或業界，上述的道理也適用於一國的經濟狀況。

自從柏林圍牆倒塌、蘇聯解體，舊社會主義接二連三瓦解並轉移至自由經濟，以及中國大幅度切換至資本主義經濟以來，世界金融市場開始了爆發性的成長。而日本，則是沒跟上這波成長力道的可憐蟲。

泡沫經濟崩潰之後，日本的股市持續著「預期報酬為負」的狀態。因此，以「經濟學上正確的投資法」進行投資，就會依照數學上的正確性而損失財富。這並非現代投資組合理論出了問題。

資本主義為自我增殖的系統。從日復一日的經濟活動中找出差異進而轉換為財富，並再從中產生差異……。若無資源或環保問題等的外部制約因素，理論上自我增殖的活動應永無止境。因此，對「市場投資組合」的投資，不就是對全球股票市場本身的投資嗎？

至此，我們總算就要得到結論了。不過，先別急著知道答案，在此稍微休息片刻再說。

# 第四章至第六章總結

在此，對截至目前為止所介紹的內容做一番整理。

欲在股票市場創造財富，有以下三種代表性的方法：

①交易（包括當沖交易在內）

②個股的長期投資（巴菲特流投資法）

③指數型基金（經濟學上最正確的投資法）

這些方法之所以有效，在於股票投資是類似這樣的遊戲：

①股票投資是機率的遊戲（絕對沒有「穩賺不賠的方法」）。

②股票市場大致上是有效率的，但會產生些微的扭曲（而這個扭曲很快便會被有能力的投資人發現，並一舉殲滅）。

③資本市場是自我增殖的系統，因此長期來看股票市場會擴大、股價會上漲（至於是何

時則無從得知）。

從這裏可以了解到，欲在股票投資上獲得勝利的理性方法只有二種。那就是，利用市場的扭曲，或是進行長期投資並等待瓜熟落地。以上的二種方法並無何者較佳之分，且二者都是源自於資本主義的本質。

短期交易，是從市場扭曲創造財富的方法。長期投資的功效並不會在短期交易上發揮作用，因此很必然地，便是有部分參與者狠撈一筆，而剩餘的市場參與者七成以上會賠上所有資金，就是這樣的弱肉強食的零和遊戲。

指數型基金，是從長期的市場擴大來創造財富的方法。因為無法利用市場的扭曲致富，原則上不可能得到市場平均值以上的資產運用績效（不過也不至於落得市場平均值以下的地步）。

巴菲特的方法，也就是對低於應有股價水準之個股的長期投資，乃是利用市場的扭曲，並援用長期的市場擴大力道，來創造出更龐大的財富。像巴菲特這一類忠於資本主義原理的投資人能累積出高於市場平均值的龐大財富，在某種意義上是理所當然的。

# 第7章

# 金融知識貧乏的人們

## 《傻瓜之壁》金融版

雖然不是像養老孟司的暢銷書《傻瓜之壁》所說的情況，不過有時還是會發生以同一種語言進行對話，竟然「完全無法溝通」。我沒那個膽子直呼對方為「傻瓜」，因此想以比較政治正確的方式，將其稱之為「知識貧乏」。所謂知識泛指讀寫的能力，具體來說「知識貧乏」如以下所示：

（1）欠缺做為討論前提的知識。

（2）對於缺乏知識一事毫無自覺。

在投資的世界裏，具備以上特徵的人十分受到關注，一般稱他們為「金融知識貧乏的人」。翻成簡單的白話文，就是「等著被削的凱子」。雖然這麼說很沒禮貌，不過大多數的金融商品就是以削翻這些「凱子」為目的而推出。

二〇〇五年十月被奉為「新創電信公司之雄」，也就是推出廉價市話服務的平成電電，申請民事更生手續。這家公司利用美其名為「平成電電系統」、「平成電電設備」之掛羊頭賣狗肉的投資夥伴團體，從一萬九千名散戶投資人手中募得了高達四百九十億日圓的資金。相信一定有人看過「預計基本分紅為百分之十」、「六年內從一百萬日圓增值為一百六十萬日圓」等引人注目的報紙廣告。

不過，這個發財夢很明顯有矛盾。雖然說這門生意是從散戶投資人處募集資金購買電信設備，再分租出去以獲取穩定的收入，但是卻無法說明「為何非得利用這種奇怪的方式發財」。況且，世上明明還有不少以更有利的條件進行設備投資的方式。

企業從金融市場籌措資金的方法，一般來說有銀行融資、發行公司債與發行新股三種。以上任何一種方式都要比透過投資夥伴團體來招攬散戶投資人，更能夠有效率地籌措資金。

比方說，我們可以看看以下的實際案例。

基本放款利率（prime rate）是金融機構對優良企業進行融資時的放款利率基準，二〇〇五年初日本的基本放款利率為一．六五%。而在二〇〇五年五月，日本的電信業者軟體銀行（Softbank）對旗下的職棒球隊，也就是福岡軟體銀行鷹隊的球迷發行「福岡軟體銀行鷹隊債券」之票面利率為年利率一．四一%的無擔保公司債。當時軟體銀行在海外所發行的公司債，被權威的債信評等機構標準普爾（S&P）評定為「不適合投資」的BB-等級。但是在超低利率的日本，這個無擔保公司債卻能夠以比基本放款利率更划算的成本來籌措資金（日本國內的債信評等機構將此債券評定為BBB等級，比標準普爾的評價略好）。金融市場提供了如此有利的資金籌措方式，為何平成電電非得以每年付給散戶投資人百分之十的分紅，來籌措資金呢？

原因只有一個，那就是全日本上下的金融機構都不搭理這家公司。銀行、券商、投資法人等都認為借錢給這家公司無疑是肉包子打狗，一去不回。

所謂的金融知識，便是以常識與理性的推論，來解讀出窩藏於這些「發財夢」背後之陷阱的技術。而這樣的技術，並不需要擁有高深的學問或特殊的資訊管道。

## 賭博的成本

對於自己是否適合當一個投資人，藉由以下簡單的方法便可知曉。

幻想著買了彩券就能中頭彩成為億萬富翁，或者想靠著賭賽馬、賽自行車而維生的人，最好是不要從事投資（若是當成遊戲來玩玩，則不在此限）。為了投資目的而購買套房的人，也是高危險的族群（若是高收入者拿來做為節稅的對策，則另當別論）。原因是，這些人不懂得計算在賭博中最為關鍵的期望值。

又例如，進行外幣存款的人可能對投資有某種程度的知識，但仍然欠缺成本意識。在外幣投資中，外幣存款為成本最高的手段。若你是個理性的投資人，便會利用證券公司的外幣貨幣市場基金（money management found, MMF）或外匯保證金交易（Foreign exchange margin trading）。舉個例子，比起在銀樓購買金條再大費周章的租倉庫保管，在商品期貨公司進行黃金期貨的買賣，不但能達到相同的效果，成本還更加划算。

研究賭博的第一把交椅谷岡一郎表示，在期望值的數字上，相較於日本彩券的四六・四％、賽馬等公營競技的七五％，拉斯維加斯的輪盤的期望值約為九五％，小鋼珠約為九七％，若是百家樂或骰子則上看九九％到九九・九％（參考自谷岡一郎《運氣的法則》，PHP研究所出版）。一次便砸下大手筆的豪賭上癮者偏好百家樂的原因，並不在於遊戲的娛樂或刺激性，而在於高期望值。

若不能夠準確計算出勝率，賭徒便無法生存。同樣的道理，對投資成本沒概念的投資人，總有一天會從金融市場敗退。成本只會降低期望值，創造不出任何獲利。

◆關於投資用的套房，在許多地方已被提過多次，在此便不贅述。只要了解「若穩賺不賠，建商就自己攬下來投資了」這一點，就能很容易地看穿隱藏在表象背後的風險。

外幣貨幣市場基金與外幣存款幾乎是相同的商品，但匯兌手續費少了一半（利率也略高）。就日本而言，因為是海外契約型投資信託，資本利得不需課稅，且二〇〇八年三月底為止對分紅的課稅率減免至百分之十（之後其課稅率便回到與存款利息相同的百分之二十）。外匯保證金交易的匯兌手續費率在〇．〇五日圓到〇．一日圓左右，但一般來說交易的單位為一萬美元。因資本利得與利率交換（Interest Rate Swap, IRS）都被視為雜項收入而予以課稅，對所得稅率高的人來說較為不利。外幣貨幣市場基金與外匯保證金交易何者獲利程度高，得視情況而定，不過都遠比外幣存款來得有賺頭。

不少人對期貨交易抱持偏見（看看業界至今都做了哪些好事，造成偏見也是理所當然），若將期貨視為投資工具，股票期貨、外匯期貨、商品期貨等，都具有與投資法人的成本相當的優點。至於是否能善用期貨交易這項投資工具，就要看當事人的功力了（在對期貨的機制有所了解之前，最好別輕舉妄動）。

## 可疑的金融商品促銷活動

流通於金融市場的股票與債券，有時也稱為基礎資產（underlying asset）。這便是有如鮪魚、青甘之類的漁獲。在超市裏，從築地運來的漁產不會直接陳列在冷藏櫃，而是去鱗去骨切片後，以「盒裝生魚片」的形式販售。同樣的道理，金融機構將從金融市場進貨的基礎資產進行組合，再包裝成林林總總的「金融商品」，出售給投資人。

假設住家附近的銀行，不約而同地開始推出新帳戶開設的促銷活動。其活動內容，比方說如以下所示：

A銀行：先定存一百萬日圓於本行，再介紹一位好友進來。如果這位好友也同樣於本行定存一百萬日圓，便贈送二人各一萬日圓的現金回饋。

B銀行：若是購買一百萬日圓的高人氣基金，就給予一百萬日圓的定存年利率百分之一的優惠存款利息。

C銀行：若進行相當於一百萬日圓的外幣存款，就給予一百萬日圓的定存年利率百分之一的優惠存款利息。

D銀行：正在實施年利率百分之一的五年期定存優惠活動。且根據銀行的判斷，也有將約滿期限延長至十年的但書。

E銀行：雖然是名不見經傳的銀行，其定存利率一直維持在很高的水平。

若你手頭上有一百萬日圓，你會選擇哪一家銀行？

二〇〇六年二月（本書日文原版出版當時）日本一年期政府公債利率為百分之〇．一左右，因此年利率百分之一的定期存款是相當有利的條件。**有人賺，就會有人賠**。具備金融知識的人都明白這個道理，因此便會開始想：

「那麼誰來負擔那些虧損呢？」

接著，你所選擇的答案不是老鼠會般的A銀行，就是無論怎麼看都讓人不放心的E銀行。B、C、D等大型銀行，則完全不在考慮範圍。

A銀行開出的條件是先定存一百萬日圓，再拉好友也進行同樣金額的定存。若除此之外別無其他，支付給二人的一萬日圓利息，便為爭取新帳戶開設的廣告促銷費用。一年後若客戶將定存全數解約，對銀行來說便會虧損，但只要當中有幾成的人留下來成為客戶即可。

不光是看了促銷廣告就二話不說拿出一百萬日圓來定存，還慫恿兄弟姊妹、親朋好友一起開設高額定存帳戶的人，未來成為該銀行優良客戶的機率很高。對銀行來說，提高參與促銷活動的金額門檻，也是篩選出好客戶的老謀深算的方法。

那麼，端出顛覆常識的高定存利率，而且名不見經傳的E銀行又是怎麼回事？

各家銀行的業務內容都大同小異，很難出現只有某家銀行特別賺錢的情況。因此，E銀行很可能是因為急需定存資金而走險路。不過，E銀行既然拿到了國家批准的銀行開業許可，每位存戶都有最多一千萬日圓的本金與利息的存款保險，以保障其權益。就算是銀行經營失敗而破產，所捅下的婁子最終還是以納稅人的血汗錢來買單（不過，若考慮到從銀行破產到資金回收為止所花費的時間與精力，百分之一的年利率可能得不償失）。

## 以削翻凱子為目的之金融商品

那麼，參與其他三家銀行的促銷活動的客戶為什麼會損失呢？

B銀行的促銷活動是定存與基金的套裝商品。若是標準的股票型基金，金融機構可從資產運用公司得到約百分之三左右的酬金，以及一年約百分之〇．五的代理商抽成。也就是說，藉由成套銷售定存與基金，金融機構的賺頭便是百分之三的酬金（利潤）減去百分之一的優惠存款利息（費用），也就是百分之二。參加定存的客戶，等於是自行支付了這個促銷活動的費用。

C銀行的促銷活動是定存與外幣存款的套裝商品。將日圓兌換成美金時，幾乎所有的銀行都會對每一美元收取一日圓的匯兌手續費。假設美金對日圓的匯率為一比一百二十，手續費的費率便為〇．八三％（一日圓÷一二〇日圓）。因為匯兌手續費為銀行的收入，就算開出年利率百分之一的優惠存款利息，實質上的利息負擔只有〇．一七％，對銀行來說成本降低很多。

不過，銀行的花招並不僅止於此。對日本人來說，外幣存款最後若不換回日圓，便無法在日本國內使用。貨幣兌換成本因匯率而異，假設美金對日圓的匯率仍為一比一百二十，在一來一回之間銀行便可從客戶身上收取一．六六％的匯兌手續費。促銷活動的優惠存款利率為百分之一，差額的〇．六六％便是銀行的賺頭。在這種情況下，促銷活動的費用也完全是定存客戶自行負擔。

對此，D銀行的促銷手法更是高招。該商品的特徵為：

①年利率百分之一的五年定存。

②根據銀行的判斷，也有將約滿期限變更為十年的但書。

與上述商品具有相同性質的債券，稱為「可贖回債券」（callable bond）。不過在金融教科書中，對「可贖回債券」的說明順序與D銀行的商品正好相反：

①年利率百分之一的十年期債券。

②附帶在第五年早期贖回條款的但書。

由此可以看出D銀行行銷人員的創意。也就是說，這個商品的真面目其實是「滿期為十年，中途不能解約」的定存，且銀行更擁有在第五年單方面予以早期贖回的權利。只不過，若是將這樣的內情據實以告，恐怕誰也不願意過來存錢了。將說明的順序調換一下，搖身一變成為令人心動的金融商品。

要是五年後市場仍持續著現在的低利率（比百分之一還低），那麼對銀行來說，年利率百分之一的定存便是損失（對客戶而言則是賺到了）。因此，D銀行會行使早期贖回的權利，強制解除定存契約。相反地，如果市場的年利率上升到百分之三或百分之五，對銀行來說年利率只有百分之一的定存便是賺到了（對客戶而言則是損失），且客戶的錢還是好端端地放在銀行。

這個定存商品的關鍵，在於被設計成不論將來市場利率是升或降，都是對銀行有利，對客戶不利的機制。做為補償，給予客戶年利率百分之一的優惠存款利率，這在金融術語中稱為「出售贖回選擇權以獲得溢價」，但是將資產投入「高利息的五年定存」的人，大概作夢也想不到自己正在做衍生性商品交易（derivative trading）。

在日本這個不可思議的國度，原本應該重視信用與品德的大型主要銀行，竟然爭相推出與詐欺沒什麼兩樣的金融商品，且共通點皆為「對消費者而言並無任何好處」。也就是說，這些金融商品是以削翻凱子為目的而設計的。

◆有關金融機構所推出之各種削翻凱子的金融商品，可參考吉本佳生所著《看穿金融廣告背後的意義》，光文社新書出版。

## 保本型基金的花招

以個人為客戶的證券公司為了提高獲利，原則上只有二條路可走：提供投資人投資金融市場的管道，以及販售套裝的金融商品。由於以超低手續費為號召的網路券商出現，現有的金融機構難以繼續藉由股票、債券等的交易手續費來提高獲利。結果，便是轉而開發能從客戶身上撈取高額手續費的套裝金融商品，以求殺出一條血路。這些金融機構，也是得混口飯吃。

就這樣，金融商品蛻變得一個比一個「技高一籌」。

保本型基金，是「就算資產運用失敗也拿得回本金，而成功的話便是連本帶利地坐享其成」的金融商品。相當受到「只想賺錢卻不願虧本」的投資人歡迎。

這類基金的結構非常單純，比方說「五年期以美元計價的保本型基金」，是將客戶所託付之資金的八成拿去購買低於票面金額的五年期貼現美國公債（年利率四．五六％），剩餘的二成則積極進行高風險的投資。不管這部分高風險投資的結果是成功還是失敗，五年後貼現債券會依據票面金額贖回，便能夠將本金原封不動地還給客戶。

而保本型基金的概念，在於意識到「只要將黃金與銅進行組合，便能佯稱全體為黃金」這一點。將債券寄放在證券公司處，只需花費些微的保管費而已（也有免費的情況）。此外，若購買股票型基金，一年會被收取相當於所投入資金的一．五％左右的信託酬金。也就是說，將大部分資金運用於債券上的保本型基金，其一年的信託酬金只有〇．三％左右（一．五％×二成）。不過令人驚訝的是這些保本型基金，對客戶收取的是等同或超過全部以股票型基金（也就是包含用來購買債券而非股票的八成資金）來計算的信託酬金。

金融機構之所以想推出如此狡詐的保本型基金，在於成本意識薄弱的投資人容易上當，並能夠從中謀取比一般的情況高出好幾倍的手續費，而且所要的花招還不容易被拆穿。這正是將銅變成黃金的煉金術啊！

## 利用避險基金致富

所謂避險基金，指的是充分利用金融技術之集大成，即使在市場行情下跌時也能達到「絕對獲利」的金融商品。

泡沫經濟崩潰的一九九〇年代後半以及達康泡沫崩潰的二〇〇〇年代初期，股票型基金都呈現毀滅的狀態，因此金融機構缺乏合適的金融商品可出售給散戶投資人。當時從天而降的，便是避險基金。避險基金的投資手法林林總總，給人「雖不甚了解，不過看起來好像很好賺」的印象，其操作技巧卻是頂尖的。

原本避險基金的最低投資金額為一百萬美元，是以財力雄厚的投資人為對象的金融商品。之後因避險基金有如雨後春筍般冒出而陷入過度競爭，出現了最低投資金額為五萬美元的分拆零賣方式。金融機構也乘勢追擊，推出各式各樣與避險基金進行組合的套裝金融商品，且最低投資金額從十萬日圓起跳。近幾年，則進入了對金融理財完全一竅不通的阿公阿嬤，也能投資避險基金的時代。

當然，我並不否定避險基金這個投資工具。要是喬治・索羅斯再重出江湖，我一定興沖沖地捧著現金加入（大概會被回絕吧）。只不過，我對最近一堆烏合之眾的避險基金興趣缺缺。

避險基金最大的賣點，便是資產運用負責人本身也拿出資金進行投資。藉此，負責人與投資人背負著相同的風險。聽起來很感人吧，但果真如此嗎？

若我是理性的避險基金經理人，首要之事便是將自己的虧損推到投資人身上，並將投資人的獲利移花接木到自己的帳上。再順便矇騙會計監察法人、美化資產操作成果使其看起來獲利程度豐厚，並高調地宣傳基金績效。只要讓利慾薰心的投資人上鉤，就能不勞而獲地大撈一筆。若是幾個人的小規模的基金，像這樣的財務帳目美化工作，彈指之間便能完成。

那麼，大型金融機構所營運的避險基金就沒問題嗎？似乎並不能因此而放心。避險基金採取的是成果報酬制，通常會向客戶收取獲利的百分之二十之高額報酬。而關鍵便在於不實現獲利也無所謂這一點。

若我是領薪水的避險基金經理人而且想拿到一百億日圓的年終獎金分紅，便會四處收購流動性低的中小型類股（事先聲明：若與事實雷同，一切純屬巧合）。這些中小型類股流通於金融市場的股數不多，若以巨額資金進行操作的避險基金進入以散戶投資人為主體的市場，便馬上成為「池塘裏的大鯨魚」狀態，股價因而暴漲（池水滿溢）。在所有個股的股價位於高點時，讓公司進行年終獎金分紅的績效考核，便能依照契約獲得高額報酬。

問題是，大鯨魚出了池塘之後呢？自己又幾乎持有所有的個股，愈是脫手股價只會一路下跌。

像這樣的「超大型避險基金」乍看之下好像非常有賺頭，不過直到基金贖回為止是否能維持如此的好光景，則十分可疑。已落入口袋的年終獎金沒有吐出來的必要，對基金經理人來說是個占盡便宜而無一害的生意。此外，資產運用公司能拿到客戶所繳交的百分之二十報酬，不但分毫未損，且媒體對基金操作績效的吹捧還是最棒的廣告宣傳呢。投資人嚴重虧損的可能性頗高，但將來的事情現在擔心還太早，根本沒有人在意。

避險基金巧妙的獲利結構如上所述。因此，若我是資產運用公司的話倒想嘗試看看，個人則毫無跟進投資的意願。

## 賣的是偽善，卻佯裝為關懷

最後，來簡單地提一下壽險公司。因為它們最擅長的，便是大量販售名為提供客戶「關懷家人」的服務，實則為「削翻凱子」商品的奇特賺錢方式。

從壽險的結構來看，其實與彩券沒什麼兩樣。唯一的不同便是彩券中獎時讓人雀躍不已，而領到保險金則是遭遇疾病或死亡等突如其來的不幸。在此，我們更簡單明瞭地將壽險稱之為「不幸的彩券」。

日本曾有大型壽險公司因惡意不理賠而遭受停業處分，不過這倒是不足為奇。若不支付彩金給中獎者，莊家便可中飽私囊。同樣的道理，只要不支付保險金給傷亡或患病的理賠對象，壽險公司的利潤便會增加。既然是追求利潤，盡量不支付保險金是相當自然的行為。

過去市場透過自由競爭，解決了企業與客戶之間的利益衝突。以昂貴的價格販售缺陷商品固然有利可圖，但總有一天會被競爭對手淘汰。不過，在受到管制保護的壽險業界，因業界的秩序優先於自由競爭，到現在欺騙客戶削翻凱子的生意仍然橫行。

壽險公司所販售之「不幸的彩券」，是少數人以微薄的賭金「抽中」大筆理賠，而大多數保戶都「銘謝惠顧」的特殊商品。能夠有效善用其特性的保戶，事實上並不那麼多。對單身、膝下無子女的夫婦、老年人或擁有充裕資產的人來說，死亡時的保險理賠意義不大，按月所繳的保費只是一種浪費。

而這樣的事實廣為人知後，很快地壽險商品便複雜了起來。其中的代表性例子，即是將壽險與基金組合而成的變額壽險。

原本壽險（購買「不幸的彩券」）與基金（對金融市場的風險下注）是毫不相干的兩回事，而且將二者進行組合也缺乏合理的說服力。打個比方來說，就像是把蘿蔔和鉛筆搭配成套來販售一樣。

不過，壽險公司以「保險比其他投資工具在稅制上更有利」為後盾，向客戶兜售如此怪裏怪氣的變額壽險商品。當然客戶的狀況因人而異，若真能享受到稅率減免的好處，倒無可厚非。但實際上，變額壽險只對少數的富裕階級在遺產稅的節稅對策上有利用價值，除此之外的保戶便是半強迫式地加入這種毫無意義的壽險，並支付過高的成本。

壽險在人生風險的管理上，是極為有用的金融商品。只是很抱歉地，我並不喜歡，也不想與「賣的是偽善，卻佯裝為關懷」的人做朋友。

## 不知從哪冒出來的凱子

你身邊一定也有幾個沒常識的人。為了每天都能心平氣和地過日子，最重要的祕訣便在於盡量避開這些人。

同樣的道理，世上存在一定數量的缺乏金融知識的人。金融機構的獲利機會，端看能遇到多少這樣的人。

有這麼一則新聞，內容是「贊助女子馬拉松金牌選手的某商品期貨公司社長，遭到逮捕」。這家公司的商業模式為組織性地欺騙並詐取客戶的資產，發生糾紛時以見不得光的金錢方式解決，並為了保住期貨交易的執照，故意不對大多數的交易糾紛進行申報。從一年將近一百五十億日圓的營收，便可了解到「削翻凱子」是一門多好賺的生意。像這樣的圖利方式難以根絕，原因便在於就算冒著身陷囹圄的風險，也能夠獲得足以抵銷風險的回收。

金融機構常常大聲疾呼「教育投資人」的必要性。不過真正關鍵的部分，金融機構卻不願傳授出去。就像池塘裏沒有魚兒便無法垂釣一般，沒有等著被削的凱子，金融界也將失去獲利來源。

理解金融商品的結構並非難事。網路上有許多資訊，書店也擺滿大量的專業書籍。只要有心，誰都可以獲得這方面的知識。

因此，問題便出在對自己的無知毫不自覺，並一廂情願地相信自己判斷的人。他們是最容易被削的凱子，被層層剝皮、榨乾後照說應該會從金融市場消失才對。但令人驚訝的，卻是陸續不知從哪兒冒出了更多的凱子。

為了不被誤解而造成不必要的麻煩，在此聲明我並不是對金融機構以獲利成長為目標有所批判。不管哪一門生意，對所提供的服務索取正當的報酬乃是理所當然。散戶投資人若不透過金融機構，便無法涉足金融市場。被當成凱子削，可以說是投資人該自行承擔的後果。

金融市場賦予我們使人生能過得富裕無憂的機會。也有人辭去工作，決定要當一個以投資為業的人。

這個時候，一開始就必須搞清楚一件事。

投資是受到運氣左右的遊戲，不管是哪裏都不存在穩賺不賠的方法。不過，**穩賠不賺的方法**倒是族繁不及備載。

金融知識，是投資人明哲保身的唯一，也是最強大的武器。

# 第8章

# 給超級門外漢的投資法

# 1 資產配置

## 擴大的市場與縮小的市場

本書針對即將揚帆航向股票市場大海的散戶投資人，在參加證券公司的免費投資課程、閱讀充斥於市面的股票入門書籍或雜誌之前所應具備的基礎知識，作了一番整理。接下來，各位讀者應該獨自進行投資上的判斷。原本這一章是多餘的，沒有存在的必要。

不過，我總覺得就這麼結束好像不夠意思，在此便簡單介紹我所認為「給超級門外漢的投資法」（以下簡稱為「超外行投資法」）。

自古以來，存款（債券）、股票、不動產的「資產三分法」已是老生常談，而財務理論也明確指出，比起挑選個股的「戰術」問題，如何進行整體資產配置的「策略」思考，才是對資產運用績效影響更深遠的關鍵因素。因此資產運用的成功與否，有百分之八十取決於資產配置。

在美國市場上成交量最大的，便是股票交易代號為ＳＰＹ，也就是將美國五百大企業的股價指數化之標準普爾五百指數的ETF（Exchange Traded Fund，指數股票型基金）。若在一九九〇年開始購買一萬美元SPY之類的指數型基金，十年後的二〇〇〇年一月會成長至四萬二千美元（年成長率為一五・四％）。緊接而來的達康泡沫崩潰導致股市下跌慘重，但在二〇〇六年一月的時點仍有三萬九千美元（年成長率為八・八％），因此投資人可得到充分的獲利。

同樣地，若在一九九〇年購買一百萬日圓之直接與日經二二五股價指數連動的指數型基金，在日本泡沫經濟崩潰的一九九八年底資產約縮水至三十五萬日圓，且達康泡沫崩潰後的二〇〇三年更減少至二十萬日圓。也就是說，在投資日本股市的情況下，資產會以將近每年百分之二十的速度流失。

回顧這些年來的歷史，柏林圍牆倒塌（舊共產主義國家進軍自由市場）等等世界史上的大轉變，使美國市場得到相當大的好處，而利用美蘇冷戰角力關係之日本經濟，則嚴重地動搖根本。這是想當然爾的結果，不過當年卻沒有專家能夠提出這樣的分析。

在科技股當道的九〇年代的美國股市，只要買下還可以的公司的股票，不管是投資新手還是小學生都能夠獲利。而陷入通貨緊縮泥沼，且大型金融機構陸續發生經營危機的九〇年代日本股市，則是無論做了多少功課來慎選個股，也得不到半點回報。而且諷刺的是，一股腦地將所有財產存進郵局或銀行而不進行任何投資的普通人，反倒因物價下滑資產價值竟然增加。

這麼一來，便可了解到所謂九〇年代成功的投資人，並不是精通於個股分析的專家或深諳小道消息的半仙，而是不知怎麼地就是想玩玩美國的股票型基金、或是以存款甚至現金的方式來保有資產的投資門外漢。無論在戰術上再怎麼正確，若其前提的策略出了差錯，一開始便註定要失敗。

## 最大的資產便是自己本身

資產配置是從對自己所持有的全部資產進行市價評估開始。不過令人驚訝的是，幾乎所有的投資理財書籍都無視於這個最關鍵的過程，劈頭便切入「股票與債券的最佳持有比例」，彷彿每個人都只擁有這二項資產似的。各位不覺得有哪個地方不對勁嗎？

對於生活在人事費用位居全球之冠的日本人來說，最大的資產便是自己本身。若從大學畢業便一直工作到退休為止，四十多年間大約每年可獲得數百萬日圓到數千萬日圓不等的收入。

從現金流量來看，上班族就是提供勞力以換取公司所定期支付的薪水。若將這份薪水視為利息，再將退休時領的退休金視為本金的贖回，就與購買債券沒什麼兩樣。所有的債券都可以折現回現值，因此各位所持有的「上班族債券」當然也能進行市價評估。

日本上班族的平均職業生涯總收入為三至四億日圓左右。從一畢業（年薪二百五十萬日圓）到退休（年薪一千三百萬日圓）為止一直待在同一家公司服務，退休時領到三千萬日圓退休金之標準上班族的職業生涯模式（總收入約為三億日圓）中，若將這些現金流量以長期利率一．五％來折現計算，「上班族債券」的市價在畢業剛進公司時（二十三歲）約為二億日圓，四十歲時約為一億九千萬日圓，五十歲時也還有一億六千萬日圓（折舊比例不高的原因是，隨著年齡的增長收入也跟著提高）。（編按：日圓對新台幣匯率約為〇．二九左右，長期區間約為〇．二九至〇．三；日本一般物價與薪資約為台灣的兩倍多至三倍。）

從以上簡單的試算，可以了解到「所謂工作的價值」（經濟學上稱為「人力資本」）究竟有多大了。不過，若因退休或資遣而無法持續工作，便會頓時失去這項龐大的資產。在人生的經濟面上，無法持續工作所帶來的衝擊可說是相當慘重。

二十多歲或三十多歲時，人力資本占全體資產的比例高得驚人，因此若想成為鶴立雞群的有錢人，如何發揮「自己本身」這項資產最大的效益，並能夠從中創造出多少財富，應該是最大的考量。雖然大家都說「資產運用應該從年輕時開始」，卻不是利用年終獎金花剩的五萬、十萬日圓來做個什麼投資之類的小把戲。而且人力資本會隨著年齡逐漸折舊，到了退休的時間點便化為烏有。

不將「人力資本」這項龐大資產列入考慮的資產配置理論，無論盤算得再怎麼仔細，也沒有半點用處。

◆包括人力資本在內的資產配置具體案例，可舉出以下幾個。

若是投資自己工作的公司之股票，便會與人力資本一同曝險於股票市場，所以不太建議這麼做。泡沫經濟崩潰後破產的山一證券，其多數員工因持有自家公司的股票，一下子便失去了工作與資產。為了分散風險，應投資與自己的工作相異的業種。

像公務員之類能從人力資本獲得穩定收入的人，可以在投資上承擔較大的風險。另一方面，自營業或服務於科技公司等未來的現金流量不甚穩定的人，最好購買債券等風險低的金融商品。只不過，實際上幾乎是與此相反的情況。

## 投資是大人玩的遊戲

與人力資本（正確來說應稱為「人力資產」）並駕齊驅，在日本人的資產中占了相當比重的，便是自用住宅。

擁有一千五百萬日圓金融資產的人，若是以一千萬日圓的頭款買下五千萬日圓的房子，所擁有的總資產便是五千五百萬日圓（金融資產五百萬日圓＋不動產五千萬日圓）。在這個情況下，雖然金融資產的比例占了百分之九，但一般來說大部分還是以流動性高的現金形式持有，以備不時之需。這麼一來，可自由運用的資產頂多是一、二百萬日圓，只不過占資產全體的百分之二、三左右而已。

但自稱為「資產運用專家」的人無視於以上的事實，大言不慚地侃侃而談「拿微薄的金融資產來做個什麼投資」之類的。

背負房貸而購入自用住宅，意味著對不動產市場進行槓桿操作的投資，因此沒有道理再到股票市場上衝鋒陷陣、承擔風險。與其煩惱於該怎麼運用所剩的微薄金融資產，還不如趁早將房貸還清，才是上上策。

自從過了人生的折返點後，人力資本將漸趨減少，相對地金融資產的比例會逐漸上升。若在六十五歲退休，往後便只有仰賴年金或資產運用所得的獲利而過活。這個時候需要多少資產，視每個人所領的年金多寡、資產運用所獲得的利息、剩餘的壽命而有所不同，不能一概而論。不過，到八十歲為止的二十年之間，若每個月從金融資產中拿出三十萬日圓做為生活費用，且資產運用的利率為一．五％時，則需要準備六千萬日圓左右的老本；若資產運用的利率為百分之五，則需要準備約四千五百萬日圓的老本。根據資產運用手腕的高低，所需的老本也有一千五百萬日圓的差距。

無論是資產的累積也好，資產的縮水過程也好，只要資產運用的利率高，便能以較少的資金達到目的。事實就是這樣：在人生的前半段對整體資產影響較大的是人力資本，而人生的後半段則為金融資產的運用能力。

所以說，投資是大人玩的遊戲。

## 2 國際分散投資

### 投資整個全球市場

資本主義是自我增殖的系統。只要增殖運動持續下去，長期來看股票的價值必定向上攀升——這便是財務理論的根基。不過，並不保證所有公司的股票皆會上揚、所有的產業都會興盛。這只不過是表示「在進行嚴苛競爭與淘汰的同時，以整體的角度來看市場會一路擴大」的預測。

當然，世界上所有國家的經濟發展腳步並不一致。在經濟理論中所說的「市場」，並不是美、日等各國的市場，而是涵蓋整個地表的全球市場。**所謂「經濟學上最正確的投資法」，指的是投資整個全球市場**。在此，將這個投資法稱為「全球市場投資組合」。

在二〇〇五年年底，全球股票市場的市值中美國約占了百分之五十，日本、倫敦、歐元區各占了約百分之十五，其他國家則瓜分剩餘的百分之五。因此，以所占市值的比例來持有、投資各個股票市場，全球市場投資組合便大功告成。

對此，可能有人會認為：「應該還有更高招的投資方法吧」、「不必繞這麼多遠路，只要投資印度、中國、俄羅斯等行情看漲的股市不就行了？」

的確，根據財務理論，**長期來看股價會收斂至經濟成長率**。

至一九八〇年代為止，日本的股價皆呈現往右上攀升的趨勢，其背後的動力源自於二次大戰後的高度經濟成長。到了經濟低成長的時代，便無法期待有如過去的股市榮景。這樣的情形普遍存在於先進國家，進入九〇年代後，歐美的投資法人便盛行著投資經濟成長率高的新興國家。

這個說法在邏輯上並沒有錯，但新興國家的市場規模並不算大。若眾人皆抱持同樣的想法，投資資金蜂擁而至，很快地泡沫便會宣告崩潰。也因此，爆發了一九九七年的亞洲貨幣危機與九八年的俄羅斯經濟危機（曾經從最高點暴跌至只剩五分之一的中國股市也是一個典型的例子，當時受到中國熱的蠱惑而跟進投資的人，大多血本無歸）。

資本主義的原理具有一般性，國際分散投資也和個股投資一樣，都不得不投票給大家所公認的美女。眾人爭相投資經濟成長率高的國家，因此股價就比應有水平來得高。所以結論是：不必覺得麻煩，投資整個全球股票市場即可。

## 放諸四海而皆準的投資法

投資的大原則在於其字典裏沒有「絕對」二字，在此利用全球市場投資組合來進行放諸四海而皆準的投資建議。

最近採取確定提撥退休金辦法（Defined Contribution Plan，日本版401K）的日本企業愈來愈多。這是將退休金債務的風險由企業轉嫁至個人的機制，但不全然是壞事。比方說享有稅制上的優惠，也不會發生如過去在公司倒閉時退休金便付諸流水的情形。

確定提撥退休金辦法，是參加者從幾個以股票或債券為投資對象的投資信託中選擇其一，並每個月存進一定的款項。從制度上的種種限制來看，理性的正確投資法便只有一種。

我們再次回想在股票市場取得優勢的條件：

①股票投資是機率的遊戲。

②股票市場大致上是有效率的，但會產生些微的扭曲。

③資本市場是自我增殖的系統，因此長期來看股票市場會擴大、股價上漲。

不過，我們先排除從市場扭曲獲得利潤的途徑。原因在於，確定提撥退休金辦法並不能進行交易或巴菲特流的個股長期投資。這麼一來，投資人的優勢只剩下對市場長期擴大的賭注。

在標準的資產配置理論中，關鍵在於股票與債券的比例。不過，在此也沒有考慮的必要。確定提撥退休金辦法明訂有投資額度（每月所存入款項）的上限，除此之外的金融資產便是個人自行運用，但大多數還是以存款的形式持有。若自有資產的大部分為債券（存款），且確定提撥退休金又選購了債券型基金，那就是無謂的重複了。應該將自有資產全數投資股票型基金才對。

接著是挑選資產運用商品，一般來說是以國內市場或廣大海外市場的基金為對象。對基金投資績效進行評比的調查結果顯示，主動型基金的平均表現比不上指數型基金。因此，若欲進行統計學上的正確投資，一開始便跳過烏合之眾的主動型基金也無所謂（想想也真是可憐，這些基金經理人每年都被迫與猴子競爭，還總是落居下風）。

◆做為一種投資商品，主動型基金並非沒有存在的價值。將投資分散於金磚四國（巴西、俄羅斯、印度、中國）等新興市場，或信用評等低但利率高的債券（高收益債券）時，基金便是強而有力的投資工具。既然資產運用公司對其優點也心知肚明，像這樣高風險基金的運用成本便因此居高不下。

## 確定提撥退休金的正確投資法

最後要談的是指數基金的投資比例。比方說在日本生活與消費，是投資TOPIX之類的日本股票指數基金，還是多少持有一些海外市場的股票比較好呢？其實，理論上最佳的「黃金投資比例」已呼之欲出了。

比方說，日本的確定提撥退休金所利用之海外股票指數基金，投資的是日本市場以外的全球股市。而日本股市的市值約占全球市場的百分之十五，因此以百分之十五日本指數基金、百分之八十五海外指數基金的比例進行資產配置，就可以輕鬆地投資全球股票市場。

如上述所示，資產運用手段受到各種限制的確定提撥退休金，只循著一條路前進便能找到「對所有的人皆為最佳的投資法」。雖然不能說是絕對正確，但至少是首要選擇（更是強而有力的壓倒性的選擇）。

不少人因為過去從未想過投資的事，在突然被公司告知「這是對自己負責的時代，要以股票或是債券的形式持有確定提撥退休金，完全由個人決定」的情況下不知所措。公司方面則在投資教育上下了不少工夫，特別為員工開設相關的研習課程。只是根本沒有這麼做的必要。理由是，一開始正確答案便已浮現了。

在採用確定提撥退休金辦法時，只要直接告訴員工哪一種選擇才是模範解答，三分鐘的時間就能解決。全盤接受的人便可忘掉該投資股票或債券所帶來的煩惱，專心上班。對於仍心存疑慮或抱持其他想法的人，公司只要介紹理財規畫專家給他們就夠了。這麼一來便會提高工作的效率，也不會為了把自己搞得一頭霧水的事而擔憂，大家皆大歡喜。

公司花了數十萬日圓請「金融專家」來演講，大概是為了要是發生什麼萬一的時候，有個「我們當時有找人來上課喔」的理由好撇清責任。不過，這只是浪費時間與金錢。若需要所謂的「專業權威」做靠山，那麼這個「黃金投資比例」，便是由頂尖的經濟學家們所加持之世界上最具權威的投資法。

## 3 匯差風險

### 出口廠商為何因匯差而虧損？

至此所介紹的內容，當然也可應用於個人的資產運用。不過，在這之前必須先解決一個問題。

原因在於，一定有人抱持疑慮說：「把資產的百分之八十五拿來投資海外的股票？匯差風險又高，這樣真的沒問題嗎？」

比方說日本人持有外幣存款與海外的股票、債券等日圓以外的資產時，若日圓升值便會造成匯差虧損（相反地，日圓貶值便形成匯差利潤），這便是所謂的匯差風險。像索尼、豐田等以出口為大宗的企業，也因日圓的急速升值而大幅降低獲利，因而產生「匯差風險是可怕的」之觀念。這個想法並沒有錯，但事實上狀況還更複雜一點。

匯差風險可以透過外匯期貨與外匯合約來避險，不過為何這些代表日本的大型企業還是因為匯差變動而蒙受損失呢？

在日本低利率的情況下，若欲規避美元資產的匯差風險，便必須經常支付美元與日圓間的利率差（interest-rate spread）。結果是，雖然不必擔心因匯差所造成的損失，但利率高的珍貴美元結算資產卻淪落至與利率低的日圓結算存款沒什麼兩樣。因此許多企業不對部分貨幣進行避險動作，以預留獲利的路可走。

個人資產的運用也是同樣的道理。只要投資市面上標榜著「有匯差避險功能」的基金，便不用畏懼匯差風險，放心投資海外資產——乍看之下這相當吸引人，但在這種情況下，不光是日圓貶值也拿不到匯差利潤，就算是匯率持平也得負擔利率差的虧損（個人透過外匯期貨賣出美元的情況也是一樣，每天會被扣除做為利率交換之美元與日圓間的利率差）。若要消除匯差風險，便享受不到利率差所帶來的好處。也就是說，投資的世界裏沒有白吃的午餐。

幾乎所有的日本人都深信「因為在日本過活，日圓資產才是最重要的」。當然，對他們而言，每天的生活所需都以日圓進行結算。不過，一般來說這些生活所需的支出，是由人力資本（勞力）所創造之日圓結算的收入（薪水）來支付。若這個現金流量不出紕漏地維持正常循環，便沒有理由將充裕資金的長期資產運用侷限在國內貨幣。以出口為大宗的企業也是同樣的道理，若過於擔心匯差風險，便會錯過從匯差中獲利的機會（經濟學上稱為「機會損失」）。

## 將百分之八十五的金融資產運用於外幣

匯差風險好比喜歡惡作劇的妖精，照理說應該不存在，卻有時帶給投資人不小的災難（或利潤）。

理論上，匯率根據各國的物價水準（購買力平價）而定。理所當然地，物價相對較高的貨幣，其幣值會變低。若國內商品的價格攀升而幣值卻維持不變，那麼從海外進口便宜商品來販售不就賺翻了嗎？同樣的道理，利率相對較高的貨幣，其幣值會變低。不管以哪個國家的貨幣進行資產運用，長期來看並無得失。

對日本人來說，將資產運用在利率高的外幣存款時，若日圓升值導致匯差虧損，結果與低利率的日圓存款並無太大不同。相反地，就算持有利率低的貨幣，只要匯率上升，便可從中得利（匯差利潤）。

不過，現實中的外匯市場並不依照以上的劇本演出。日本自一九七三年改為浮動匯率制，到一九九五年升破八十日圓兌一美元為止，二十年間日圓的匯率始終維持升值的趨勢。之後雖然日本央行祭出極度的低利率政策，日圓仍持續貶值，到了一九九八年重貶至一百四十日圓兌一美元。在這段時間持有美元資產的日本投資人幾乎都嚐到了利率差的甜頭。

長期來看，匯率行情終將收斂至購買力平價。短期來看，匯率的變動會產生利潤或虧損。以日本為例，在個人的資產累積上，關鍵不在於應以日圓或美元來持有資產，而在於何者才能使資產最佳化。

美國的理財專家告訴散戶投資人要「將半數的股票投資於海外市場」。在日本，個人的海外資產持有比例卻只有百分之三而已。因此，市場上出現不少「日本人應該更積極地進行以外幣結算的投資」的聲音。那麼，到底要持有多少外幣結算的資產才好？最多一成，還是比照美國的五成左右呢？

不知為何，幾乎日本國內的「金融專家」都有所誤解，但海外投資的比例並不是隨便決定的。美國股市的市值占了全球市場的一半，因此美國的散戶投資人可藉由將五成的資產投資於海外市場，來持有全球市場的投資組合。同樣的道理，日本的散戶投資人對全球市場的最佳投資方式，就是必須將百分之八十五的金融資產運用於以外幣結算的投資。

就算是將美國的資產運用理論視為金科玉律的日本「金融專家」當中，也不見任何人提倡如此激進的主張。邏輯上正確的方法，不見得多數人都能接受。

# 4 超外行投資法

## 「超外行投資法」的基本概念

在此對股票投資最具代表性的手法之優缺點，做一番整理。

①交易（包括當沖交易）

優點：遊戲性高，一旦上癮便難以自拔。

缺點：由於是零和遊戲，大部分的新手會中途鎩羽而歸。

②個股長期投資（巴菲特流投資）

優點：忠於資本主義原理，可期待更高的獲利。

缺點：在企業調查上需要花時間與精力。

③指數投資（經濟學上最正確的投資法）

優點：簡單到不需要思考。

缺點：只能得到平均水準的獲利。

以上的投資手法各有其利弊，且在股票投資的世界裏，各派系皆有其忠實擁護者，互不示弱地彼此叫陣。

交易派嘲笑個股長期投資派反應遲鈍（不管做了多少企業研究，股價也不會因此而有所變動），並對指數投資派的低成效嗤之以鼻（一年內不能將資產翻倍的稱不上是投資）。

長期投資派則看不起交易派，認為他們沉迷於賭博（應該去看醫生才對），並覺得指數投資派可憐至極（若市場平均值就能滿足，那麼人生還有什麼樂趣呢？）。

對此，指數投資派則認為交易人與巴菲特信徒，都是對數學和統計學一無所知的草包（因此跟蠢蛋周旋是很累人的）。

我並不否定投資上的基本教義，但也不認為有必要對某個手法宣誓忠誠。投資人該做的並不是爭論投資手法的孰是孰非，而是最後誰才能更有效地賺取利潤。

## 該把資金投注在哪裏？

若你從事投資只是為了增添生活樂趣，那麼交易會帶給你最棒的體驗。不過失敗的機率高於獲利的機率，因此把交易當成賭賽馬或小鋼珠般，以全都扔了也無妨的資金，痛痛快快地享受刺激的遊戲吧。

要是決定以投資人的身分維生，巴菲特流的個股長期投資是創造財富的最佳方法。不過真要實際進行，則必須從財務分析的基礎開始學習，而且對日本人來說只能以日本企業為投資對象，若想投資成功，先決條件是：長期來看日本經濟要能持續成長。（理論上也不是不能投資股價低於應有水平的海外企業，不過要比當地投資人更具有企業調查上的優勢則相當困難。就連巴菲特也幾乎不投資不太熟悉的海外企業。）

無論你在投資之外從事自營業者或上班族等其他工作，若是考慮將可用資金運用於股票市場，那麼建議你選擇全球市場投資組合。雖然無法期待非常亮眼的投資績效，但也用不著面對任何瑣碎的麻煩。省下來的時間則可做更有效的利用，不管是工作或嗜好皆可。

因此，「超外行投資法」所提議的，便是將以上三種手法的優缺點進行組合，來享受屬於個人的投資樂趣。

若想要以小額資金做積極投資，可試著透過期貨或信用交易進行槓桿操作。若是以成為巴菲特為職志，長期持有精心挑選的少數個股才是上策。像這樣根據個人的欲望與資金額度，投資手法也會不同。若你是個正要一腳踏進股票市場的新手，基本原則便是將可放手一搏之金融資產的八成投注於全球市場投資組合，剩餘的二成則配置在交易或個股投資上。

資產運用的基本設計，應以債券為基礎。二〇〇六年二月，日本政府公債（十年期）的年利率為一・五％。若投資一百萬日圓於日本政府公債，十年後便成為一百一十六萬日圓左右。同一個時間點美國政府公債的年利率則為四・七％，若投資一萬美元於美國政府公債，十年後則增加為一萬六千美元左右。若如此便能達到你資產運用的目標，因為政府公債是風險最低的金融投資商品，只要將所有的資產投入在日本或美國政府公債（甚至是二者的組合）即可。若目標的獲利程度在債券之上，除了在股票市場冒險外別無他法。

雖說股票與債券的持有比例為資產配置的第一步，但沒有正確答案。人生也是同樣的道理，投資的目標也只有靠自己決定。

因此，問題便在於全球市場投資組合的績效與風險。接下來，我們將針對這個問題進行探討。

## 5 全球市場投資組合績效

ＭＳＣＩ全球指數，是摩根士丹利（Morgan Stanley Capital International）對全球主要先進國家的股票市場市值進行編製的證券指數。從一九八七年十二月的一百點，到二〇〇六年一月上漲至三百二十五點，也就是說二十年內翻了三倍多。在日本，由於泡沫經濟崩潰股價指數萎縮至三分之一以下，不過同期間全球市場卻以年平均六·七%的速度持續成長（一九八七年十二月的匯率為一二三·四〇日圓兌一美元，因此以日圓為基準來計算，年成長率仍有六·五%）。

從一九九六年至二〇〇六年的十年間歷經了網路泡沫的榮景與崩潰，ＭＳＣＩ從一百八十五點來到三百二十五點，成長為一·八倍（換算為年成長率，則是五·八%）。若將資產運用於全球市場投資組合，每十年便會幾乎增加一倍。

雖然誰也不能保證往後也會保持這樣的成長局面，若全球市場投資組合呈現負成長，便意味著全球經濟陷入萎縮。除了當沖交易等的短期投資外，不管哪一種投資方法大概都會一敗塗地。

## 風險

接著就來談談投資的風險。

將資產運用於全球市場投資組合的情況下，就單月的績效數字來看，虧損幅度最大的是一九九八年八月俄羅斯貨幣危機時，為負的一四．一五％。若以年度的績效數字來看，網路泡沫崩潰的二〇〇一年與二〇〇二年，其衰退率皆超過二〇％（緊接著的二〇〇三年則大幅成長了四三．〇五％，一舉彌補先前的所有虧損）。而幅度最大的虧損可能占投資資金的二成以上，投資人應先做好這樣的心理準備。

一般而言金融機構的風險管理，是以標準差（standard deviation）來進行評估。在此不做詳細說明，但簡單地說，該評估方式具有「超過標準差二倍以上的事物只有百分之五的機率會發生」之方便好用的性質。

以年度的數字來看，全球市場投資組合的標準差為一五．六％。在這種情況下，統計上來說賺賠三一・二%以上的機率為百分之五。因此，可推測出「一年內虧損將近百分之三十的可能性為二・五%左右」（十八個年頭的取樣數目並不足夠，在此僅作為參考值）。

與績效類似，風險的評估也是從過去的數據資料進行推測，並不是占卜問卦。因此，上述的簡易風險評估方式並無質疑的餘地。但為了得出更正確的推論，必須考慮以複利進行運用的情況。

以下便是利用指數常態分布，所正確計算出「全球市場投資組合發生百分之十虧損的風險」。

◆投資一年結果虧損百分之十的機率　一〇・二九%
◆投資十年結果虧損百分之十的機率　二・八一%
◆投資幾個月下來平均虧損百分之十的機率　〇・一%以下
◆今後的十年內，發生至少一年虧損百分之十的機率　六六・二四%

根據「長期投資大師」傑瑞米・席格爾（Jeremy Siegel，賓州大學教授）的看法，自一八〇二年起的兩個世紀以來，美國的消費者物價約漲了十倍。不過，若在一八〇二年時便投資一美元於美國政府公債，二百年後就變成一萬美元了。相對地，若有人在一八〇二年投資了指數基金，原先的一美元到今天就暴增為七百五十萬美元！什麼都不必做，經過二個世代便可成為億萬富翁。股票投資，擁有創造出如此奇蹟的強大力量。

從財務理論來看，在投資報酬率上，全球市場投資組合是最有效的投資手法。若你已作好接受投資風險的心理準備，那麼以股票投資的方式來運用所有的資產，也是有效策略之一。

## 6 超外行投資法vs.私人銀行

私人銀行（private bank）是以富裕階層為對象，提供各種理財服務的神祕金融機構。在日本因活力門事件的關係，私人銀行被媒體提及的機會增加，而有錢人的資產運用乃私人銀行的本分工作。只要成為他們的客戶，便有最頂尖的理財專家替你在全球金融市場進行最佳的投資。可以說在目前，私人銀行是個人所嚮往之最高檔的金融服務。在本書的尾聲，就來比較一下私人銀行與我們的「超外行投資法」的績效。

私人銀行不對外透露理財服務的內容，不過我手邊剛好握有某瑞士的銀行代客操作的資產運用數據。這是一家名聲相當響亮的大型金融機構，最低的存款門檻是一百萬美元。

代客操作分為「債券」、「債券與股票平衡型」與「股票」三類。在此，是將股票投資組合與全球市場投資組合做比較（資產運用數據是從一九九一年至二〇〇四年九月，約十三年的統計資料，在此表示為「資產運用開始日以來」）。

從下表能夠很清楚地看出，私人銀行的代客操作雖然在九〇年代後半的多頭行情下進行積極投資，卻因網路泡沫崩潰蒙受虧損，資產運用開始日以來十三年間的平均年度績效表

| | 資產運用開始日以來 | 十年 | 五年 |
|---|---|---|---|
| 私人銀行 | 5.7% | 5% | -2.9% |
| 全球市場投資組合 | 6.3% | 5% | -1.4% |

現，還比全球市場投資組合低了〇．六%。若在一九九一年將一億日圓委託給這家私人銀行管理，二〇〇四年時便增加至二億零四百萬日圓。同樣的金額若運用在全球市場投資組合，則是二億一千六百萬日圓。也就是說，「全球最高檔」的資產運用服務，與隨便投資個指數基金，再向客戶強行索取一千二百萬日圓的「服務費」沒什麼兩樣。為了自我陶醉於晉身為私人銀行客戶的優越感而每年支付將近一百萬日圓的手續費，是那些有錢人的自由。但一般來說，並不能稱得上是精打細算的投資。

而「超外行投資法」中，有二成的資產是個人自由運用的部分。不論是當沖交易或是個股長期投資，只要操作績效能夠高於市場平均，投資組合的資產運用成果將會更出色。

這麼一來，就算是超級門外漢的你，也能夠拿出比瑞士的頂尖私人銀行更優異的成績。也許令人難以置信，但這就是所謂「經濟上的理性」。

◆附帶一提，大多數私人銀行的代客操作績效也低於指數基金。因此，私人銀行擁有高人一等的資產運用能力這回事，只是一種幻想而已。

# 第七章至第八章總結

「超外行投資法」是由三種投資方法組合而成，但在此無暇對交易與個股長期投資的具體手法進行說明。有興趣的讀者，請參考本書最後所列的參考書目。

在進行全球市場投資組合的資產運用時，由於並無直接與ＭＳＣＩ全球指數連動的基金，如前述所示，以日本為例，可以將不包括日本市場之ＭＳＣＩ國際指數與ＴＯＰＩＸ，以八十五比十五的比例進行組合。不過，日本國內指數基金的信託酬金高達年率百分之一左右，是壓縮投資人獲利空間的主要原因。

為了更加降低投資成本，善用美國市場的指數股票型基金（ＥＴＦ）是個不錯的選擇。在這個情況下，可以將ＳＰＹ（直接與標準普爾五百指數連動）與美國以外主要金融市場指數之摩根士丹利歐澳遠東指數（The Europe, Australia, and Far East Index, EAFE）以五十比五十的比例進行組合，便可對全球的主要企業進行分散投資。這麼一來，手續費用等的比例就可控制在〇．一％至〇．三％之間，比投資一般的指數基金要有利得多。

日本國內部分證券公司也經手美國市場的股票。不過，若是要利用信用交易與個股選擇權等來持有複雜的期貨合約，便只有在美國的證券公司直接開設帳戶一途。如此一來，便可將美國政府公債做為抵押，以信用交易或期貨交易進行槓桿操作，並出售買權（call option）以賺取溢價，也能夠對行情下跌以賣空或賣權（put option）的方式來避險。上述的操作手法若熟能生巧，那麼投資的世界將一下子變得寬闊起來。

利用海外金融機構所需要的費用，也比以往大幅降低。若投資一萬美元於上述的ETF，以外匯保證金交易（Foreign exchange margin trading）進行匯兌（每一美元酌收〇・一日圓，匯兌手續費便是一千日圓）、海外匯款（匯款手續費約四千日圓）與承購股票（手續費約三千日圓）等費用，總計為八千日圓左右。至投資為止的成本比例為〇・六七％，比在日本國內購買指數基金（一般來說會酌收百分之一至百分之二不等的手續費）要划算得多。匯款手續費與股票交易手續費皆為固定費用，因此投資金額愈大，成本比例便愈低。

到了這個境界已是相當高竿老練的等級，一開始還是先從國內的證券公司或金融商品下手比較好。

# 參考書目

若您想要更深入了解投資的世界，或是對本書內容有所疑慮而不能放心，建議可以閱讀以下的投資經典書籍。

（1）交易類書籍

《金融怪傑》（*Market Wizards*），傑克．史瓦格（Jack D. Schwager）著，中譯本寰宇出版。

這本書是走訪活躍於第一線的傑出交易人，以解開他們成功祕訣的劃時代名著。書中生動刻畫出這些被市場所俘虜的賭客們的滿腔熱血。

《*The Definitive Guide to Futures Trading*》，賴利．威廉斯（Larry Williams）著。

全美首屆一指的交易人現身說法，透露許多技術面派的交易訣竅。並且，讀者肯定會驚訝：「為了贏得勝利要做到這種地步嗎？」由於此書所介紹的招數名聲太過響亮，目前已幾乎失靈。

## （2）個股長期投資類書籍

《勝券在握》（*The Warren Buffett Way*），羅伯特．海格斯壯（Robert G. Hagstrom）著，中譯本遠流出版。

有關這位偉大投資人的著作相當多，若要選出當中最值得一讀的，便是這本對於巴菲特所言之投資法進行詳細探討的《勝券在握》了。

《彼得林區選股戰略》（*One Up on Wall Street*），彼得．林區（Peter Lynch）著，中譯本財信出版。

曾經主持富傳奇色彩的富達麥哲倫基金，並被譽為全美最頂尖之基金經理人的彼得．林區，為散戶投資人所寫的投資入門。與巴菲特的手法有異曲同工之妙，彼得・林區以徹底的個股研究與低於應有股價水平的個股投資，在基金的世界裏達到高於市場平均值的資產運用績效。

《智慧型股票投資人》（*The Intelligent Investor*），班傑明・葛拉漢（Benjamin Graham）著，中譯本寰宇出版。

班傑明・葛拉漢是巴菲特的老師，且《智慧型股票投資人》是投資界永遠的聖經。低於應有股價水平的個股投資之竅門，全都濃縮在這本書中。

**（3）指數基金投資類書籍**

《漫步華爾街》（*A Random Walk Down Wall Street*），柏頓・墨基爾（Burton Malkiel）著，中譯本天下文化出版。

這本書以淺顯易懂的方式，說明指數基金對散戶投資人而言，是最理性的投資法。

《投資觀念進化論》（*Capital Ideas Evolving*），彼得・伯恩斯坦（Peter Bernstein）著，中譯本財信出版。

這是一本生動描繪諾貝爾經濟學獎得主們群像的巨著。若一併閱讀作者的另一本書《馴服風險》（*Against the Gods*，中譯本商周出版），樂趣將會倍增。

閱讀了以上的書籍後，再來參加股票投資課程或購買股票投資入門書籍、雜誌也不遲——不過我想，到那時你已不需要這些東西了。

# 後記　接到融資追繳令的那一天

二〇〇一年冬天的某個夜裏，我待在昏暗的房間裏，靜候著從美國打來的電話。

當時針準確地走到晚上十一點時，電話鈴聲響了。那是期貨交易公司打來的，而且我必須告訴他們，我的決定是將出現虧損的期貨合約進行反向操作來停損，還是進行追加保證金的匯款。這個狀態便是俗稱的「融資追繳令」，被視為走向毀滅的里程碑。

融資追繳令發生在股價大幅滑落時（若在賣空的情況下，則為股價大幅上揚）。而惱人的是，在股價大跌之後，發生反彈的可能性很高。統計上來看，比起停損，支付追加保證金以解除融資追繳令應是比較有利。不過，要是股價繼續滑落（或上揚）虧損便會擴大，進而失去所有的資產。股票市場的歷史上豎立著無數破產投機客的墓碑，我也不例外地循著必經的過程，等待最後通牒的到來。

整個週末我都在煩惱著該怎麼辦，但遲遲無法做出決定。

電話的另一端是個年輕男子，以相當老練的口吻說道：

「因為想聽聽你的意見，所以打了這通電話。」

聽了這友善到令人覺得假惺惺的聲音後，我終於下定決心放棄。在告訴對方欲清算所有的期貨合約後，對方煞有介事地同意並說道「這真是個明智的決定」，還親切地表示「你的部分就讓我們代勞吧」。不出所料，當天那斯達克指數大幅度反彈。若原封不動地繼續持有期貨合約，便幾乎能挽回先前的虧損。奇怪的是，我一點也不後悔。

我之所以不鼓勵投機，原因在於一定會產生虧損。既然股票投資是碰運氣的遊戲，便註定逃不過虧損的宿命。職業賭徒（投機客）一方面承受風險的威脅，一方面地毯式地搜尋任何一個可能取得優勢的機會。即便如此也經常面臨失敗，散盡家財。

在投機上若不事先假定可能遭遇虧損的情況，事與願違時便會難以自處。要是已做好心理準備，並將投資視為遊戲來享受其樂趣，那倒無所謂。不過，我不認為投機是老老實實賺錢謀生的人值得特地去嘗試的人生體驗。

在一九九〇年代中期，我和幾個朋友開始從事投資與金融市場的研究，並將其成果整理成名為「垃圾投資人」系列的手冊（由MediaWorks發行，現已絕版）。當時我們在境外（避稅天堂）銀行開設帳戶、利用美國或香港的網路券商進行股票買賣、在芝加哥期貨市場進行金融衍生商品交易等，因此獲得許多有趣的親身經歷。本書便是以當時的嘗試錯誤與摸索為基礎撰寫而成。

二〇〇一年夏天在偶然的情況下，我決定開始寫小說。那便是我的處女作《洗錢》（中譯本經濟新潮社出版），從那時起，我便不再從事任何像樣的投資。因此對近幾年投資圈的狀況可能有點生疏，在這裏要向讀者們說聲抱歉。但我想，投資的基本原則並不會改變。無論時代或環境再怎麼不同，人類想賺大錢的欲望都是一如往常。

我並不是對金融市場的投資遊戲失去了興致，事實上我仍然認為期貨與選擇權，是人類所發明的最了不起的一種賭博。只是過了四十歲中期後，真正明白人生苦短的道理。既然不具備在寫小說的閒暇之餘還能從事投資（或是在投資的閒暇之餘還能一邊寫小說）的才能，魚與熊掌不可兼得，只有擇一而行了。

投資的世界裏，充斥著各式各樣的小道消息、臆測、渴望與謊言。稍有不慎，很容易便會迷失了自己。為了不要把時間與金錢浪費在這些無謂的事物上，若我的一些小小親身經歷能夠給讀者做為參考，世上最令人欣慰的事莫過於此。

最後要在此聲明，我自己並沒有身體力行書中所說的「理性投資法」。

因為，人也有自由做不正確的選擇。

二〇〇六年二月

橘　玲

國家圖書館出版品預行編目資料

如何停止焦慮愛上投資：股票＋人生設計，追求真正的幸福／橘玲著；鍾慧真譯. -- 初版. -- 臺北市：經濟新潮社出版：家庭傳媒城邦分公司發行, 2013.12

面；　公分. --（經濟趨勢；56）

ISBN 978-986-6031-45-8（平裝）

1.股票投資　2.投資技術　3.投資分析

563.53　　102024388